PREFACIO

La colección de guías de conversación para viajar "Todo irá bien" publicada por T&P Books está diseñada para personas que viajan al extranjero para turismo y negocios. Las guías contienen lo más importante - los elementos esenciales para una comunicación básica.Éste es un conjunto de frases imprescindibles para "sobrevivir" mientras está en el extranjero.

Esta guía de conversación le ayudará en la mayoría de los casos donde usted necesite pedir algo, conseguir direcciones, saber cuánto cuesta algo, etc. Puede también resolver situaciones difíciles de la comunicación donde los gestos no pueden ayudar.

Este libro contiene una gran cantidad de frases que han sido agrupadas según los temas más relevantes. Esta edición también incluye un pequeño vocabulario que contiene alrededor de 3.000 de las palabras más frecuentemente usadas.Otra sección de la guía proporciona un glosario gastronómico que le puede ayudar a pedir los alimentos en un restaurante o a comprar comestibles en la tienda.

Llévese la guía de conversación "Todo irá bien" en el camino y tendrá una insustituible compañera de viaje que le ayudará a salir de cualquier situación y le enseñará a no temer hablar con extranjeros.

TABLA DE CONTENIDOS

T&P Books Publishing

Colección de guías de conversación
"¡Todo irá bien!"

T&P Books Publishing

GUÍA DE CONVERSACIÓN

– AFRIKÁANS –

Andrey Taranov

LAS PALABRAS Y LAS FRASES MÁS ÚTILES

Esta Guía de Conversación
contiene las frases y las
preguntas más comunes
necesitadas para una
comunicación básica
con extranjeros

T&P BOOKS

Guía de conversación + diccionario de 3000 palabras

Guía de conversación Español-Afrikáans y vocabulario temático de 3000 palabras

por Andrey Taranov

La colección de guías de conversación para viajar "Todo irá bien" publicada por T&P Books está diseñada para personas que viajan al extranjero para turismo y negocios. Las guías contienen lo más importante - los elementos esenciales para una comunicación básica. Éste es un conjunto de frases imprescindibles para "sobrevivir" mientras está en el extranjero.

Este libro también incluye un pequeño vocabulario temático que contiene alrededor de 3.000 de las palabras más frecuentemente usadas. Otra sección de la guía proporciona un glosario gastronómico que le puede ayudar a pedir los alimentos en un restaurante o a comprar comestibles en la tienda.

T&P Books Publishing
www.tpbooks.com

ISBN: 978-1-78716-585-4

Este libro está disponible en formato electrónico o de E-Book también.
Visite www.tpbooks.com o las librerías electrónicas más destacadas en la Red.

PRONUNCIACIÓN

T&P alfabeto fonético	Ejemplo afrikáans	Ejemplo español
[a]	land	radio
[ā]	straat	contraataque
[æ]	hout	vencer
[o], [ɔ]	Australië	bolsa
[e]	metaal	verano
[ɛ]	aanlê	mes
[ə]	filter	llave
[ɪ]	uur	abismo
[i]	billik	ilegal
[ī]	naïef	rápido
[o]	koppie	bordado
[ø]	akteur	alemán - Hölle
[œ]	fluit	alemán - Hölle
[u]	hulle	mundo
[ʊ]	hout	pulpo
[b]	bakker	en barco
[d]	donder	desierto
[f]	navraag	golf
[g]	burger	jugada
[h]	driehoek	registro
[j]	byvoeg	asiento
[k]	kamera	charco
[l]	loon	lira
[m]	môre	nombre
[n]	neef	sonar
[p]	pyp	precio
[r]	rigting	era, alfombra
[s]	oplos	salva
[t]	lood, tenk	torre
[v]	bewaar	travieso
[w]	oorwinnaar	acuerdo
[z]	zoem	desde
[dʒ]	enjin	jazz
[ʃ]	artisjok	shopping
[ŋ]	kans	manga

T&P alfabeto fonético	Ejemplo afrikáans	Ejemplo español
[tʃ]	tjek	mapache
[ʒ]	beige	adyacente
[x]	agent	reloj

LISTA DE ABREVIATURAS

Abreviatura en español

adj	-	adjetivo
adv	-	adverbio
anim.	-	animado
conj	-	conjunción
etc.	-	etcétera
f	-	sustantivo femenino
f pl	-	femenino plural
fam.	-	uso familiar
fem.	-	femenino
form.	-	uso formal
inanim.	-	inanimado
innum.	-	innumerable
m	-	sustantivo masculino
m pl	-	masculino plural
m, f	-	masculino, femenino
masc.	-	masculino
mat	-	matemáticas
mil.	-	militar
num.	-	numerable
p.ej.	-	por ejemplo
pl	-	plural
pron	-	pronombre
sg	-	singular
v aux	-	verbo auxiliar
vi	-	verbo intransitivo
vi, vt	-	verbo intransitivo, verbo transitivo
vr	-	verbo reflexivo
vt	-	verbo transitivo

T&P BOOKS

GUÍA DE CONVERSACIÓN AFRIKÁANS

Esta sección contiene frases
importantes que pueden
resultar útiles en varias
situaciones de la vida real.
La Guía le ayudará a pedir
direcciones, aclaración
sobre precio, comprar billetes,
y pedir alimentos en un
restaurante

T&P Books Publishing

CONTENIDO DE LA GUÍA DE CONVERSACIÓN

T&P Books Publishing

Lo más imprescindible

Perdone, ...	**Verskoon my, ...** [ferskoən maj, ...]
Hola.	**Hallo.** [hallo.]
Gracias.	**Baie dankie.** [baje danki.]

Sí.	**Ja.** [ja.]
No.	**Nee.** [neə.]
No lo sé.	**Ek weet nie.** [ɛk veət ni.]
¿Dónde? | ¿A dónde? | ¿Cuándo?	**Waar? | Waarheen? | Wanneer?** [vãr? | vãrheən? | vanneər?]

Necesito ...	**Ek het ... nodig** [ɛk het ... nodəχ]
Quiero ...	**Ek wil ...** [ɛk vil ...]
¿Tiene ...?	**Het u ...?** [het u ...?]
¿Hay ... por aquí?	**Is hier 'n ...?** [is hir ə ...?]
¿Puedo ...?	**Mag ek ...?** [maχ ek ...?]
..., por favor? (petición educada)	**... asseblief** [... asseblif]

Busco ...	**Ek soek ...** [ɛk suk ...]
el servicio	**toilet** [tojlet]
un cajero automático	**OTM** [o·te·em]
una farmacia	**apteek** [apteək]
el hospital	**hospitaal** [hospitãl]

la comisaría	**polisiekantoor** [polisi·kantoər]
el metro	**moltrein** [moltræjn]

un taxi	**taxi** [taksi]
la estación de tren	**stasie** [stasi]

Me llamo …	**My naam is …** [maj nãm is …]
¿Cómo se llama?	**Wat is u naam?** [vat is u nãm?]
¿Puede ayudarme, por favor?	**Kan u my help, asseblief?** [kan u maj hɛlp, asseblíf?]
Tengo un problema.	**Ek het 'n probleem.** [ɛk het ə probleəm.]
Me encuentro mal.	**Ek voel nie lekker nie.** [ɛk ful ni lɛkkər ni.]
¡Llame a una ambulancia!	**Bel 'n ambulans!** [bel ə ambulaŋs!]
¿Puedo llamar, por favor?	**Kan ek 'n oproep maak?** [kan ɛk ə oprup mãk?]

Lo siento.	**Jammer.** [jammər.]
De nada.	**Plesier.** [plesir.]

Yo	**Ek, my** [ek, maj]
tú	**jy** [jaj]
él	**hy** [haj]
ella	**sy** [saj]
ellos	**hulle** [hullə]
ellas	**hulle** [hullə]
nosotros /nosotras/	**ons** [ɔŋs]
ustedes, vosotros	**julle** [jullə]
usted	**u** [u]

ENTRADA	**INGANG** [inχaŋ]
SALIDA	**UITGANG** [œitχaŋ]
FUERA DE SERVICIO	**BUITE WERKING** [bœitə verkiŋ]
CERRADO	**GESLUIT** [χeslœit]

ABIERTO	**OOP**
	[oəp]
PARA SEÑORAS	**DAMES**
	[dames]
PARA CABALLEROS	**MANS**
	[maŋs]

Preguntas

¿Dónde?	**Waar?** [vãr?]
¿A dónde?	**Waarheen?** [vãrheən?]
¿De dónde?	**Van waar?** [fan vãr?]
¿Por qué?	**Waar?** [vãr?]
¿Con que razón?	**Waarom?** [vãrom?]
¿Cuándo?	**Wanneer?** [vanneər?]

¿Cuánto tiempo?	**Hoe lank?** [hu lank?]
¿A qué hora?	**Hoe laat?** [hu lãt?]
¿Cuánto?	**Hoeveel?** [hufeəl?]
¿Tiene ...?	**Het u ...?** [het u ...?]
¿Dónde está ...?	**Waar is ...?** [vãr is ...?]

¿Qué hora es?	**Hoe laat is dit?** [hu lãt is dit?]
¿Puedo llamar, por favor?	**Kan ek 'n oproep maak?** [kan ɛk ə oprup mãk?]
¿Quién es?	**Wie is daar?** [vi is dãr?]
¿Se puede fumar aquí?	**Mag ek hier rook?** [maχ ek hir roək?]
¿Puedo ...?	**Mag ek ...?** [maχ ek ...?]

Necesidades

Quisiera …	**Ek sou graag …** [ɛk sæʊ χrāχ …]
No quiero …	**Ek wil nie …** [ɛk vil ni …]
Tengo sed.	**Ek is dors.** [ɛk is dors.]
Tengo sueño.	**Ek wil slaap.** [ɛk vil slāp.]

Quiero …	**Ek wil …** [ɛk vil …]
lavarme	**was** [vas]
cepillarme los dientes	**my tande borsel** [maj tandə borsəl]
descansar un momento	**bietjie rus** [biki rus]
cambiarme de ropa	**ander klere aantrek** [andər klerə āntrek]

volver al hotel	**teruggaan hotel toe** [teruχχān hotəl tu]
comprar …	**… koop** [… koəp]
ir a …	**gaan na …** [χān na …]
visitar …	**besoek …** [besuk …]
quedar con …	**ontmoet …** [ontmut …]
hacer una llamada	**bel** [bəl]

Estoy cansado /cansada/.	**Ek is moeg.** [ɛk is muχ.]
Estamos cansados /cansadas/.	**Ons is moeg.** [oŋs is muχ.]
Tengo frío.	**Ek kry koud.** [ɛk kraj kæʊt.]
Tengo calor.	**Ek kry warm.** [ɛk kraj varm.]
Estoy bien.	**Ek is OK.** [ɛk is okej.]

Tengo que hacer una llamada.

Ek moet 'n oproep maak.
[ɛk mut ə oprup mãk.]

Necesito ir al servicio.

Ek moet toilet toe gaan.
[ɛk mut toilet tu χãn.]

Me tengo que ir.

Ek moet loop.
[ɛk mut loəp.]

Me tengo que ir ahora.

Ek moet nou loop.
[ɛk mut næʊ loəp.]

Preguntar por direcciones

Perdone, …	**Verskoon tog, …** [ferskoən toχ, …]
¿Dónde está …?	**Waar is …?** [vãr is …?]
¿Por dónde está …?	**In watter rigting is …?** [in vattər riχtiŋ is …?]
¿Puede ayudarme, por favor?	**Kan u my help, asseblief?** [kan u maj hɛlp, asseblif?]

Busco …	**Ek soek …** [ɛk suk …]
Busco la salida.	**Waar is die uitgang?** [vãr is di œitχaŋ?]
Voy a …	**Ek gaan na …** [ɛk χãn na …]
¿Voy bien por aquí para …?	**Is dit die regte pad na …?** [is dit di reχtə pat na …?]

¿Está lejos?	**Is dit ver?** [is dit fer?]
¿Puedo llegar a pie?	**Kan ek te voet soontoe gaan?** [kan ɛk tə fut soentu χãn?]
¿Puede mostrarme en el mapa?	**Kan u dit op die kaart aanwys?** [kan u dit op di kãrt ãnwajs?]
Por favor muestreme dónde estamos.	**Kan u my aanwys waar ons nou is?** [kan u maj ãnwajs vãr ɔŋs næʊ is?]

Aquí	**Hier** [hir]
Allí	**Daar** [dãr]
Por aquí	**Hiernatoe** [hirnatu]

Gire a la derecha.	**Draai regs.** [drãj reχs.]
Gire a la izquierda.	**Draai links.** [drãj links.]
la primera (segunda, tercera) calle	**eerste (tweede, derde) draai** [eərstə (tweədə, derde) drãi]
a la derecha	**na regs** [na reχs]

a la izquierda

na links
[na links]

Siga recto.

Gaan reguit vorentoe.
[ꭕãn reꭓœit forentu.]

Carteles

¡BIENVENIDO!	**WELKOM!** [vɛlkom!]
ENTRADA	**INGANG** [inχaŋ]
SALIDA	**UITGANG** [œeitχaŋ]

EMPUJAR	**STOOT** [stoət]
TIRAR	**TREK** [trek]
ABIERTO	**OOP** [oəp]
CERRADO	**GESLUIT** [χeslœit]

PARA SEÑORAS	**DAMES** [dames]
PARA CABALLEROS	**MANS (M)** [maŋs]
CABALLEROS	**MANS (M)** [maŋs]
SEÑORAS	**DAMES (V)** [dames]

REBAJAS	**AFSLAG** [afslaχ]
VENTA	**UITVERKOPING** [œeitferkopiŋ]
GRATIS	**GRATIS** [χratis]
¡NUEVO!	**NUUT!** [nɪt!]
ATENCIÓN	**PAS OP!** [pas op!]

COMPLETO	**KAMERS BESET** [kamers beset]
RESERVADO	**BESPREEK** [bespreək]
ADMINISTRACIÓN	**ADMINISTRASIE** [administrasi]
SÓLO PERSONAL AUTORIZADO	**SLEGS PERSONEEL** [sleχs personeəl]

CUIDADO CON EL PERRO	**PAS OP VIR DIE HOND** [pas op fir di hont]
NO FUMAR	**ROOK VERBODE!** [roək ferbodə!]
NO TOCAR	**NIE AANRAAK NIE!** [ni ãnrãk ni!]
PELIGROSO	**GEVAARLIK** [χefãrlik]
PELIGRO	**GEVAAR** [χefãr]
ALTA TENSIÓN	**HOOGSPANNING** [hoəχ·spanniŋ]
PROHIBIDO BAÑARSE	**SWEM VERBODE!** [swem ferbodə!]
FUERA DE SERVICIO	**BUITE GEBRUIK** [bœitə χebrœik]
INFLAMABLE	**BRANDBAAR** [brantbãr]
PROHIBIDO	**VERBODE** [ferbodə]
PROHIBIDO EL PASO	**TOEGANG VERBODE!** [tuχaŋ ferbodə!]
RECIÉN PINTADO	**NAT VERF** [nat ferf]
CERRADO POR RENOVACIÓN	**GESLUIT VIR HERSTELWERK** [χeslœit fir herstəl·werk]
EN OBRAS	**PADWERKE** [padwerkə]
DESVÍO	**OMPAD** [ompat]

Transporte. Frases generales

el avión	**vliegtuig** [fliχtœiχ]
el tren	**trein** [træjn]
el bus	**bus** [bus]
el ferry	**veerboot** [feər·boət]
el taxi	**taxi** [taksi]
el coche	**motor** [motor]

el horario	**diensrooster** [diŋs·roəstər]
¿Dónde puedo ver el horario?	**Waar is die diensrooster?** [vãr is di diŋs·roəster?]
días laborables	**werksdae** [verksdaə]
fines de semana	**naweke** [navekə]
días festivos	**vakansies** [fakaŋsis]

SALIDA	**VERTREK** [fertrek]
LLEGADA	**AANKOMS** [ãnkoms]
RETRASADO	**VERTRAAG** [fertrãχ]
CANCELADO	**GEKANSELLEER** [χekaŋsɛlleər]

siguiente (tren, etc.)	**volgende** [folχendə]
primero	**eerste** [eərstə]
último	**laaste** [lãstə]

¿Cuándo pasa el siguiente ...?	**Wanneer vertrek die volgende ...?** [vanneər fertrek di folχendə ...?]
¿Cuándo pasa el primer ...?	**Wanneer vertrek die eerste ...?** [vanneər fertrek di eərstə ...?]

¿Cuándo pasa el último …?

Wanneer vertrek die laaste …?
[vanneər fertrek di lãstə …?]

el trasbordo (cambio de trenes, etc.)

aansluiting
[ãŋslœitiŋ]

hacer un trasbordo

oorstap
[oərstap]

¿Tengo que hacer un trasbordo?

Moet ek oorstap?
[mut ek oərstap?]

Comprar billetes

¿Dónde puedo comprar un billete?

Waar kan ek kaartjies koop?
[vār kan ɛk kārkis koəp?]

el billete

kaartjie
[kārki]

comprar un billete

'n kaartjie koop
[ə kārki koəp]

precio del billete

kaartjie se prys
[kārki sə prajs]

¿Para dónde?

Waarheen?
[vārheən?]

¿A qué estación?

Na watter stasie?
[na vattər stasi?]

Necesito ...

Ek het ... nodig
[ɛk het ... nodəχ]

un billete

'n kaartjie
[ə kārki]

dos billetes

twee kaartjies
[tweə kārkis]

tres billetes

drie kaartjies
[dri kārkis]

sólo ida

enkel
[ɛnkəl]

ida y vuelta

retoer
[retur]

en primera (primera clase)

eerste klas
[eərstə klas]

en segunda (segunda clase)

tweede klas
[tweədə klas]

hoy

vandag
[fandaχ]

mañana

môre
[mɔrə]

pasado mañana

oormôre
[oərmɔrə]

por la mañana

soggens
[soχɛŋs]

por la tarde

smiddags
[smiddaχs]

por la noche

saans
[sāŋs]

asiento de pasillo

sitplek langs die paadjie
[sitplek laŋs di pādʒi]

asiento de ventanilla

venstersitplek
[fɛŋstər·sitplek]

¿Cuánto cuesta?

Hoeveel?
[hufeəl?]

¿Puedo pagar con tarjeta?

Kan ek met 'n kredietkaart betaal?
[kan ɛk met ə kreditkārt betāl?]

Autobús

el autobús	**bus** [bus]
el autobús interurbano	**interstedelike bus** [interstedelikə bus]
la parada de autobús	**bushalte** [bus·haltə]
¿Dónde está la parada de autobuses más cercana?	**Waar is die naaste bushalte?** [vãr is di nãstə bus·haltə?]

número	**nommer** [nommər]
¿Qué autobús tengo que tomar para ...?	**Watter bus moet ek neem** **om na ... te gaan?** [vattər bus mut ɛk neəm om na ... tə χãn?]
¿Este autobús va a ...?	**Gaan hierdie bus na ...?** [χãn hirdi bus na ...?]
¿Cada cuanto pasa el autobús?	**Hoe gereëld ry die busse?** [hu χerɛɛlt raj di bussə?]

cada 15 minutos	**elke 15 minute** [ɛlkə fajftin minutə]
cada media hora	**elke half uur** [ɛlkə half ɪr]
cada hora	**elke uur** [ɛlkə ɪr]
varias veces al día	**verskillende kere per dag** [ferskillendə kerə pər daχ]
... veces al día	**... kere per dag** [... kerə pər daχ]

el horario	**diensrooster** [diŋs·roəstər]
¿Dónde puedo ver el horario?	**Waar is die diensrooster?** [vãr is di diŋs·roəstər?]
¿Cuándo pasa el siguiente autobús?	**Wanneer vertrek die volgende bus?** [vanneər fertrek di folχendə bus?]
¿Cuándo pasa el primer autobús?	**Wanneer vertrek die eerste bus?** [vanneər fertrek di eərstə bus?]
¿Cuándo pasa el último autobús?	**Wanneer vertrek die laaste bus?** [vanneər fertrek di lãstə bus?]
la parada	**halte** [haltə]

la siguiente parada	**volgende halte** [folχendə haltə]
la última parada	**eindpunt** [æjnd·punt]
Pare aquí, por favor.	**Stop hier, asseblief.** [stop hir, asseblif.]
Perdone, esta es mi parada.	**Verskoon my, dis my halte.** [ferskoən maj, dis maj halte.]

Tren

el tren	**trein** [træjn]
el tren de cercanías	**voorstedelike trein** [foərstedelikə træjn]
el tren de larga distancia	**langafstand trein** [lanχ·afstant træjn]
la estación de tren	**stasie** [stasi]
Perdone, ¿dónde está la salida al anden?	**Verskoon my, waar is die uitgang na die perron?** [ferskoən maj, vār is di œitχaŋ na di perron?]

¿Este tren va a ...?	**Gaan hierdie trein na ...?** [χān hirdi træjn na ...?]
el siguiente tren	**volgende trein** [folχendə træjn]
¿Cuándo pasa el siguiente tren?	**Wanneer vertrek die volgende trein?** [vanneər fertrek di folχendə træjn?]
¿Dónde puedo ver el horario?	**Waar is die diensrooster?** [vār is di diŋs·roəster?]
¿De qué andén?	**Van watter perron?** [fan vattər perron?]
¿Cuándo llega el tren a ...?	**Wanneer kom die trein aan in ...?** [vanneər kom di træjn ān in ...?]

Ayudeme, por favor.	**Help my, asseblief.** [hɛlp maj, asseblif.]
Busco mi asiento.	**Ek soek my sitplek.** [ɛk suk maj sitplek.]
Buscamos nuestros asientos.	**Ons soek ons sitplek.** [ɔŋs suk ɔŋs sitplek.]
Mi asiento está ocupado.	**My sitplek is beset.** [maj sitplek is beset.]
Nuestros asientos están ocupados.	**Ons sitplekke is beset.** [ɔŋs sitplekkə is beset.]

Perdone, pero ese es mi asiento.	**Jammer, dis my sitplek.** [jammər, dis maj sitplek.]
¿Está libre?	**Is hierdie sitplek beset?** [is hirdi sitplek beset?]
¿Puedo sentarme aquí?	**Kan ek hier sit?** [kan ek hir sit?]

En el tren. Diálogo (Sin billete)

Su billete, por favor.	**Kaartjie, asseblief.**
	[kārki, asseblif.]
No tengo billete.	**Ek het nie 'n kaartjie nie.**
	[ɛk het ni ə kārki ni.]
He perdido mi billete.	**Ek het my kaartjie verloor.**
	[ɛk het maj kārki ferloər.]
He olvidado mi billete en casa.	**Ek het my kaartjie by die huis vergeet.**
	[ɛk het maj kārki baj di hœis ferχeət.]

Le puedo vender un billete.	**U kan 'n kaartjie van my koop.**
	[u kan ə kārki fan maj koəp.]
También deberá pagar una multa.	**U moet 'n boete betaal.**
	[u mut ə butə betāl.]
Vale.	**Oukei.**
	[æʊkæj.]
¿A dónde va usted?	**Waarheen gaan u?**
	[vārheən χān u?]
Voy a ...	**Ek gaan na ...**
	[ɛk χān na ...]

¿Cuánto es? No lo entiendo.	**Hoeveel kos dit? Ek verstaan dit nie.**
	[hufeəl kos dit? ek ferstān dit ni.]
Escríbalo, por favor.	**Skryf dit neer, asseblief.**
	[skrajf dit neər, asseblif.]
Vale. ¿Puedo pagar con tarjeta?	**OK. Kan ek met 'n kredietkaart betaal?**
	[okej. kan ɛk met ə kreditkārt betāl?]
Sí, puede.	**Ja, dit kan.**
	[ja, dit kan.]

Aquí está su recibo.	**Hier is u ontvangsbewys.**
	[hir is u ontfaŋs·bevajs.]
Disculpe por la multa.	**Jammer vir die boete.**
	[jammər fir di bute.]
No pasa nada. Fue culpa mía.	**Dis oukei. Dit was my skuld.**
	[dis æʊkæj. dit vas maj skult.]
Disfrute su viaje.	**Geniet u reis.**
	[χenit u ræjs.]

Taxi

taxi	**taxi** [taksi]
taxista	**taxibestuurder** [taksi·bestɪrdər]
coger un taxi	**'n taxi neem** [ə taksi neəm]
parada de taxis	**taxistaanplek** [taksi·stānplek]
¿Dónde puedo coger un taxi?	**Waar kan ek 'n taxi neem?** [vār kan ɛk ə taksi neəm?]
llamar a un taxi	**'n taxi bel** [ə taksi bəl]
Necesito un taxi.	**Ek het 'n taxi nodig.** [ɛk het ə taksi nodəχ.]
Ahora mismo.	**Nou onmiddellik.** [næʊ onmiddɛllik.]
¿Cuál es su dirección?	**Wat is u adres?** [vat is u adres?]
Mi dirección es …	**My adres is …** [maj adres is …]
¿Cuál es el destino?	**U bestemming?** [u bestɛmmiŋ?]

Perdone, …	**Verskoon tog, …** [ferskoən toχ, …]
¿Está libre?	**Is u vry?** [is u fraj?]
¿Cuánto cuesta ir a …?	**Hoeveel kos dit na …?** [hufeəl kos dit na …?]
¿Sabe usted dónde está?	**Weet u waar dit is?** [veət u vār dit is?]

Al aeropuerto, por favor.	**Lughawe, asseblief** [luχhave, asseblif]
Pare aquí, por favor.	**Stop hier, asseblief.** [stop hir, asseblif.]
No es aquí.	**Dis nie hier nie.** [dis ni hir ni.]
La dirección no es correcta.	**Dis die verkeerde adres.** [dis di ferkeərdə adres.]
Gire a la izquierda.	**Draai links.** [drāj links.]
Gire a la derecha.	**Draai regs.** [drāj reχs.]

¿Cuánto le debo?

Wat skuld ek u?
[vat skult ek u?]

¿Me da un recibo, por favor?

Kan ek 'n ontvangsbewys kry, asseblief?
[kan ek ə ontfaŋs·bevajs kraj, asseblif?]

Quédese con el cambio.

Hou die kleingeld.
[hæʊ di klæjŋ·χɛlt.]

Espéreme, por favor.

Sal u vir my wag, asseblief?
[sal u fir maj vaχ, asseblif?]

cinco minutos

vyf minute
[fajf minutə]

diez minutos

tien minute
[tin minutə]

quince minutos

vyftien minute
[fajftin minutə]

veinte minutos

twintig minute
[twintəχ minutə]

media hora

'n halfuur
[ə halfɪr]

Hotel

Hola.	**Hallo.** [hallo.]
Me llamo …	**My naam is …** [maj nãm is …]
Tengo una reserva.	**Ek het bespreek.** [ɛk het bespreək.]

Necesito …	**Ek het … nodig** [ɛk het … nodəχ]
una habitación individual	**'n enkelkamer** [ə ɛnkəl·kamər]
una habitación doble	**'n dubbelkamer** [ə dubbəl·kamər]
¿Cuánto cuesta?	**Hoeveel kos dit?** [hufeəl kos dit?]
Es un poco caro.	**Dis nogal duur.** [dis noχal dɪr.]

¿Tiene alguna más?	**Is daar nie ander moontlikhede nie?** [is dãr ni andər moentlikhedə ni?]
Me quedo.	**Ek vat dit.** [ɛk fat dit.]
Pagaré en efectivo.	**Ek betaal kontant.** [ɛk betãl kontant.]

Tengo un problema.	**Ek het 'n probleem.** [ɛk het ə probleəm.]
Mi … no funciona.	**My … is stukkend.** [maj … is stukkent.]
Mi … está fuera de servicio.	**My … is buite werking.** [maj … is bœitə verkiŋ.]
televisión	**TV** [te·fe]
aire acondicionado	**lugreëling** [luχreɛliŋ]
grifo	**kraan** [krãn]

ducha	**stortbad** [stortbat]
lavabo	**wasbak** [vasbak]
caja fuerte	**brandkas** [brant·kas]

cerradura	**deur se slot** [døər sə slot]
enchufe	**stopkontak** [stop·kontak]
secador de pelo	**haardroër** [hãr·droɛr]

No tengo ...	**Ek het nie ...** [ɛk het ni ...]
agua	**water** [vatər]
luz	**lig** [liχ]
electricidad	**krag** [kraχ]

¿Me puede dar ...?	**Kan u vir my ... gee?** [kan u fir maj ... χeə?]
una toalla	**'n handdoek** [ə handduk]
una sábana	**'n kombers** [ə kombərs]
unas chanclas	**pantoffels** [pantoffəls]
un albornoz	**'n kamerjas** [ə kamerjas]
un champú	**sjampoe** [ʃampu]
jabón	**seep** [seəp]

Quisiera cambiar de habitación.	**Ek wil van kamer verander.** [ɛk vil van kamər verandər.]
No puedo encontrar mi llave.	**Ek kan my sleutel nie vind nie.** [ɛk kan maj sløətəl ni fint ni.]
Por favor abra mi habitación.	**Kan u my kamer oopsluit, asseblief?** [kan u maj kamər oəpslœit, asseblif?]
¿Quién es?	**Wie is daar?** [vi is dãr?]
¡Entre!	**Kom binne!** [kom binnə!]
¡Un momento!	**'n Oomblik!** [ə oəmblik!]
Ahora no, por favor.	**Nie nou nie, asseblief.** [ni næʊ ni, asseblif.]

Venga a mi habitación, por favor.	**Kom na my kamer, asseblief.** [kom na maj kamər, asseblif.]
Quisiera hacer un pedido.	**Kan ek kamerbediening kry.** [kan ɛk kamər·bedinin kraj.]
Mi número de habitación es ...	**My kamer se nommer is ...** [maj kamər sə nommər is ...]

Me voy …	**Ek vertrek …** [ɛk fertrək …]
Nos vamos …	**Ons vertrek …** [ɔŋs fertrek …]
Ahora mismo	**nou dadellik** [næʊ dadɛllik]
esta tarde	**vanmiddag** [fanmiddaχ]
esta noche	**vanaand** [fanänt]
mañana	**môre** [mɔrə]
mañana por la mañana	**môreoggend** [mɔrə·oχent]
mañana por la noche	**môremiddag** [mɔrə·middaχ]
pasado mañana	**oormôre** [oərmɔrə]

Quisiera pagar la cuenta.	**Ek wil betaal.** [ɛk vil betäl.]
Todo ha estado estupendo.	**Alles was uitstekend.** [alles vas œitstekent.]
¿Dónde puedo coger un taxi?	**Waar kan ek 'n taxi kry?** [vär kan ɛk ə taksi kraj?]
¿Puede llamarme un taxi, por favor?	**Sal u 'n taxi vir my bestel, asseblief.** [sal u ə taksi fir maj bestel, asseblif.]

Restaurante

¿Puedo ver el menú, por favor?	**Kan ek die spyskaart sien, asseblief?** [kan ɛk di spajskãrt sin, asseblif?]
Mesa para uno.	**'n Tafel vir een persoon.** [ə tafəl fir een persoən.]
Somos dos (tres, cuatro).	**Daar is twee (drie, vier) van ons.** [dãr is tweə (dri, fir) fan ɔŋs.]

Para fumadores	**Rook.** [roək.]
Para no fumadores	**Rook verbode.** [roək ferbodə.]
¡Por favor! (llamar al camarero)	**Hallo! Verskoning!** [hallo! ferskoniŋ!]
la carta	**spyskaart** [spajskãrt]
la carta de vinos	**wynkaart** [vajn·kãrt]
La carta, por favor.	**Die spyskaart, asseblief.** [di spajskãrt, asseblif.]

¿Está listo para pedir?	**Is u gereed om te bestel?** [is u χereət om tə bestel?]
¿Qué quieren pedir?	**Wat verkies u?** [vat ferkis u?]
Yo quiero …	**Ek wil … hê** [ɛk vil … hɛ:]

Soy vegetariano.	**Ek is vegetariër** [ɛk is feχetariɛr]
carne	**vleis** [flæjs]
pescado	**vis** [fis]
verduras	**groente** [χruntə]
¿Tiene platos para vegetarianos?	**Het u vegetariese geregte?** [het u feχetarisə χereχtə?]
No como cerdo.	**Ek eet nie varkvleis nie.** [ɛk eət ni fark·flæjs ni.]
Él /Ella/ no come carne.	**Hy /sy/ eet nie vleis nie.** [haj /saj/ eət ni flæjs ni.]
Soy alérgico a …	**Ek is allergies vir …** [ɛk is allerχis fir …]

¿Me puede traer …, por favor?

Bring vir my …, asseblief
[briŋ fir maj …, asseblif]

sal | pimienta | azúcar

sout | peper | suiker
[sæʊt | pepər | sœikər]

café | té | postre

koffie | tee | nagereg
[koffi | teə | naχerəχ]

agua | con gas | sin gas

water | bruisend | plat
[vatər | brœisent | plat]

una cuchara | un tenedor | un cuchillo

'n lepel | vurk | mes
[ə lepəl | furk | mes]

un plato | una servilleta

'n bord | servet
[ə bort | serfet]

¡Buen provecho!

Smaaklike ete!
[smãklikə ete!]

Uno más, por favor.

Nog een, asseblief.
[noχ eən, asseblif.]

Estaba delicioso.

Dit was heerlik.
[dit vas heərlik.]

la cuenta | el cambio | la propina

rekening | wisselgeld | fooitjie
[rekəniŋ | vissəlχɛlt | fojki]

La cuenta, por favor.

Die rekening, asseblief.
[di rekəniŋ, asseblif.]

¿Puedo pagar con tarjeta?

Kan ek met 'n kredietkaart betaal?
[kan ɛk met ə kreditkãrt betãl?]

Perdone, aquí hay un error.

Jammer, hier is 'n fout.
[jammər, hir is ə fæʊt.]

De Compras

¿Puedo ayudarle?	**Kan ek help?** [kan ek hɛlp?]
¿Tiene ...?	**Het u ...?** [het u ...?]
Busco ...	**Ek soek ...** [ɛk suk ...]
Necesito ...	**Ek het ... nodig** [ɛk het ... nodəχ]

Sólo estoy mirando.	**Ek kyk net.** [ɛk kajk net.]
Sólo estamos mirando.	**Ons kyk net.** [ɔŋs kajk net.]
Volveré más tarde.	**Ek kom netnou terug.** [ɛk kom netnæʊ teruχ.]
Volveremos más tarde.	**Ons kom netnou terug.** [ɔŋs kom netnæʊ teruχ.]
descuentos | oferta	**afslag | uitverkoping** [afslaχ | œitferkopiŋ]

Por favor, enséñeme ...	**Kan u my ... wys, asseblief?** [kan u maj ... vajs, asseblif?]
¿Me puede dar ..., por favor?	**Kan u my ... gee, asseblief?** [kan u maj ... χeə, asseblif?]
¿Puedo probarmelo?	**Kan ek dit aanpas?** [kan ɛk dit ānpas?]
Perdone, ¿dónde están los probadores?	**Verskoon tog, waar is die paskamer?** [ferskoən toχ, vār is di paskamer?]
¿Qué color le gustaría?	**Watter kleur wil u hê?** [vattər kløər vil u hɛ:?]
la talla | el largo	**maat | lengte** [māt | leŋtə]
¿Cómo le queda? (¿Está bien?)	**Pas dit?** [pas dit?]

¿Cuánto cuesta esto?	**Hoeveel kos dit?** [hufeəl kos dit?]
Es muy caro.	**Dis te duur** [dis tə dɪr]
Me lo llevo.	**Ek sal dit vat.** [ɛk sal dit fat.]
Perdone, ¿dónde está la caja?	**Verskoon tog, waar moet ek betaal?** [ferskoən toχ, vār mut ek betāl?]

¿Pagará en efectivo o con tarjeta?

Betaal u kontant of met 'n kredietkaart?
[betal u kontant of met ə kreditkārt?]

en efectivo | con tarjeta

kontant | met 'n kredietkaart
[kontant | met ə kreditkārt]

¿Quiere el recibo?

Wil u 'n ontvangsbewys?
[vil u ə ontfaŋsbevajs?]

Sí, por favor.

Ja, asseblief.
[ja, asseblif.]

No, gracias.

Nee, dis nie nodig nie.
[neə, dis ni nodəχ ni.]

Gracias. ¡Que tenga un buen día!

Dankie. Geniet die res van die dag!
[danki. χenit di res fan di daχ!]

En la ciudad

Perdone, por favor.	**Verskoon tog, asseblief.** [ferskoən toχ, asseblif.]
Busco ...	**Ek soek ...** [εk suk ...]
el metro	**die moltrein** [di moltræjn]
mi hotel	**my hotel** [maj hotəl]

el cine	**die bioskoop** [di bioskoəp]
una parada de taxis	**'n taxistaanplek** [ə taksi·stānplek]
un cajero automático	**'n OTM** [ə o·te·em]
una oficina de cambio	**'n wisselkantoor** [ə vissəl·kantoər]

un cibercafé	**'n internetkafee** [ə internet·kafeə]
la calle ...	**... straat** [... strāt]
este lugar	**hierdie plek** [hirdi plek]

¿Sabe usted dónde está ...?	**Weet u waar ... is?** [veət u vār ... is?]
¿Cómo se llama esta calle?	**Watter straat is dit?** [vattər strāt is dit?]
Muestreme dónde estamos ahora.	**Kan u my aanwys waar ons nou is?** [kan u maj ānwajs vār ɔŋs næʊ is?]
¿Puedo llegar a pie?	**Kan ek soontoe stap?** [kan ek soentu stap?]
¿Tiene un mapa de la ciudad?	**Het u 'n kaart van die stad?** [het u ə kārt fan di stat?]

¿Cuánto cuesta la entrada?	**Hoeveel kos 'n toegangskaartjie?** [hufeəl kos ə tuχaŋs·kārki?]
¿Se pueden hacer fotos aquí?	**Kan ek hier foto's maak?** [kan εk hir fotos māk?]
¿Está abierto?	**Is u oop?** [is u oəp?]

¿A qué hora abren?

Hoe laat gaan u oop?
[hu lāt χān u oəp?]

¿A qué hora cierran?

Hoe laat sluit u?
[hu lāt slœit u?]

Dinero

dinero	**geld** [χɛlt]
efectivo	**kontant** [kontant]
billetes	**bankbiljette** [bank·biljɛttə]
monedas	**kleingeld** [klæjn·χɛlt]
la cuenta | el cambio | la propina	**rekening | wisselgeld | fooitjie** [rekəniŋ | vissəlχɛlt | fojki]

la tarjeta de crédito	**kredietkaart** [kreditkārt]
la cartera	**beursie** [bøərsi]
comprar	**koop** [koəp]
pagar	**betaal** [betāl]
la multa	**boete** [butə]
gratis	**gratis** [χratis]

¿Dónde puedo comprar …?	**Waar kan ek … koop?** [vār kan ɛk … koəp?]
¿Está el banco abierto ahora?	**Is die bank nou oop?** [is di bank næʊ oəp?]
¿A qué hora abre?	**Wanneer maak dit oop?** [vanneər māk dit oəp?]
¿A qué hora cierra?	**Wanneer maak dit toe?** [vanneər māk dit tu?]

¿Cuánto cuesta?	**Hoeveel?** [hufeəl?]
¿Cuánto cuesta esto?	**Hoeveel kos dit?** [hufeəl kos dit?]
Es muy caro.	**Dis te duur.** [dis tə dɪr.]

Perdone, ¿dónde está la caja?	**Verskoon tog, waar moet ek betaal?** [ferskoən toχ, vār mut ek betāl?]
La cuenta, por favor.	**Die rekening, asseblief.** [di rekəniŋ, asseblif.]

¿Puedo pagar con tarjeta?

Kan ek met 'n kredietkaart betaal?
[kan ɛk met ə kreditkãrt betãl?]

¿Hay un cajero por aquí?

Verskoon tog, is hier 'n OTM?
[ferskoən toχ, is hir ə o·te·em?]

Busco un cajero automático.

Ek soek 'n OTM.
[ɛk suk ə o·te·em.]

Busco una oficina de cambio.

Ek soek 'n wisselkantoor.
[ɛk suk ə vissəl·kantoər.]

Quisiera cambiar ...

Ek sou ... wou wissel.
[ɛk sæʊ ... væʊ vissəl.]

¿Cuál es el tipo de cambio?

Wat is die wisselkoers?
[vat is di vissəlkurs?]

¿Necesita mi pasaporte?

Het u my paspoort nodig?
[het u maj paspoərt nodəχ?]

Tiempo

¿Qué hora es?	**Hoe laat is dit?** [hu lāt is dit?]
¿Cuándo?	**Wanneer?** [vanneər?]
¿A qué hora?	**Hoe laat?** [hu lāt?]
ahora | luego | después de ...	**nou | later | na ...** [næʊ | latər | na ...]
la una	**een uur** [eən ɪr]
la una y cuarto	**kwart oor een** [kwart oər eən]
la una y medio	**half twee** [half tweə]
las dos menos cuarto	**kwart voor twee** [kwart foər tweə]
una | dos | tres	**een | twee | drie** [eən | tweə | dri]
cuatro | cinco | seis	**vier | vyf | ses** [fir | fajf | ses]
siete | ocho | nueve	**sewe | ag | nege** [sevə | aχ | neχə]
diez | once | doce	**tien | elf | twaalf** [tin | ɛlf | twālf]
en ...	**binne ...** [binnə ...]
cinco minutos	**vyf minute** [fajf minutə]
diez minutos	**tien minute** [tin minutə]
quince minutos	**vyftien minute** [fajftin minutə]
veinte minutos	**twintig minute** [twintəχ minutə]
media hora	**'n halfuur** [ə halfɪr]
una hora	**'n uur** [ə ɪr]
por la mañana	**soggens** [soχɛŋs]

por la mañana temprano	**soggens vroeg** [soχεŋs fruχ]
esta mañana	**vanoggend** [fanoχent]
mañana por la mañana	**môreoggend** [mɔrə·oχent]

al mediodía	**in die middel van die dag** [in di middəl fan di daχ]
por la tarde	**smiddags** [smiddaχs]
por la noche	**saans** [sāŋs]
esta noche	**vanaand** [fanãnt]

por la noche	**saans** [sāŋs]
ayer	**gister** [χistər]
hoy	**vandag** [fandaχ]
mañana	**môre** [mɔrə]
pasado mañana	**oormôre** [oərmɔrə]

¿Qué día es hoy?	**Watter dag is dit vandag?** [vattər daχ is dit fandaχ?]
Es ...	**Dit is ...** [dit is ...]
lunes	**maandag** [māndaχ]
martes	**dinsdag** [dinsdaχ]
miércoles	**woensdag** [voεŋsdaχ]

jueves	**Donderdag** [dondərdaχ]
viernes	**vrydag** [frajdaχ]
sábado	**saterdag** [satərdaχ]
domingo	**sondag** [sondaχ]

Saludos. Presentaciones.

Hola.	**Hallo.** [hallo.]
Encantado /Encantada/ de conocerle.	**Aangename kennis.** [ānχəname kɛnnis.]
Yo también.	**Dieselfde.** [disɛlfdə.]
Le presento a ...	**Kan ek jou voorstel aan ...** [kan ɛk jæʊ foərstəl ān ...]
Encantado.	**Aangename kennis.** [ānχəname kɛnnis.]

¿Cómo está?	**Hoe gaan dit?** [hu χān dit?]
Me llamo ...	**My naam is ...** [maj nām is ...]
Se llama ...	**Dis ...** [dis ...]
Se llama ...	**Dis ...** [dis ...]
¿Cómo se llama (usted)?	**Wat is u naam?** [vat is u nām?]
¿Cómo se llama (él)?	**Wat is sy naam?** [vat is saj nām?]
¿Cómo se llama (ella)?	**Wat is haar naam?** [vat is hār nām?]

¿Cuál es su apellido?	**Wat is u van?** [vat is u fan?]
Puede llamarme ...	**Noem my maar ...** [num maj mār ...]
¿De dónde es usted?	**Vanwaar kom u?** [fanwār kom u?]
Yo soy de	**Ek kom van ...** [ɛk kom fan ...]
¿A qué se dedica?	**Wat is u beroep?** [vat is u berup?]
¿Quién es?	**Wie is dit?** [vi is dit?]
¿Quién es él?	**Wie is hy?** [vi is haj?]
¿Quién es ella?	**Wie is sy?** [vi is saj?]
¿Quiénes son?	**Wie is hulle?** [vi is hullə?]

Este es …	**Dit is …** [dit is …]
mi amigo	**my vriend** [maj frint]
mi amiga	**my vriendin** [maj frindin]
mi marido	**my man** [maj man]
mi mujer	**my vrou** [maj fræʋ]
mi padre	**my vader** [maj fadər]
mi madre	**my moeder** [maj mudər]
mi hermano	**my broer** [maj brur]
mi hijo	**my seun** [maj søən]
mi hija	**my dogter** [maj doχtər]
Este es nuestro hijo.	**Dit is ons seun.** [dit is ɔŋs søən.]
Esta es nuestra hija.	**Dit is ons dogter.** [dit is ɔŋs doχter.]
Estos son mis hijos.	**Dit is my kinders.** [dit is maj kindərs.]
Estos son nuestros hijos.	**Dit is ons kinders.** [dit is ɔŋs kindərs.]

Despedidas

¡Adiós!	**Totsiens!** [totsiŋs!]
¡Chau!	**Koebaai!** [kubāi!]
Hasta mañana.	**Sien jou môre.** [sin jæʊ mɔrə.]
Hasta pronto.	**Totsiens.** [totsiŋs.]
Te veo a las siete.	**Sien jou om sewe uur.** [sin jæʊ om sevə ɪr.]
¡Que se diviertan!	**Geniet dit!** [χenit dit!]
Hablamos más tarde.	**Gesels later.** [χesɛls latər.]
Que tengas un buen fin de semana.	**Geniet die naweek.** [χenit di naveək.]
Buenas noches.	**Lekker slaap.** [lɛkkər slāp.]
Es hora de irme.	**Dis tyd om te gaan.** [dis tajt om tə χān.]
Tengo que irme.	**Ek moet loop.** [ɛk mut loəp.]
Ahora vuelvo.	**Ek is nounou terug.** [ɛk is næʊnæʊ teruχ.]
Es tarde.	**Dis al laat.** [dis al lāt.]
Tengo que levantarme temprano.	**Ek moet vroeg opstaan.** [ɛk mut fruχ opstān.]
Me voy mañana.	**Ek vertrek môre.** [ɛk fertrək mɔrə.]
Nos vamos mañana.	**Ons vertrek môre.** [ɔŋs fertrek mɔrə.]
¡Que tenga un buen viaje!	**Geniet die reis!** [χenit di ræjs!]
Ha sido un placer.	**Ek het dit geniet om jou te ontmoet.** [ɛk het dit χenit om jæʊ tə ontmut.]
Fue un placer hablar con usted.	**Dit was lekker om met jou te gesels.** [dit vas lɛkkər om met jæʊ tə χesɛls.]
Gracias por todo.	**Baie dankie vir alles.** [baje danki fir alles.]

Lo he pasado muy bien.	**Ek het dit geniet.** [ɛk het dit χenit.]
Lo pasamos muy bien.	**Ons het dit baie geniet.** [ɔŋs het dit baje χenit.]
Fue genial.	**Dit was regtig oulik.** [dit vas reχteχ æʊlik.]
Le voy a echar de menos.	**Ek gaan jou mis.** [ɛk χān jæʊ mis.]
Le vamos a echar de menos.	**Ons gaan jou mis.** [ɔŋs χān jæʊ mis.]

¡Suerte!	**Sukses!** [suksɛs!]
Saludos a ...	**Stuur groete vir ...** [stɪr χrutə fir ...]

Idioma extranjero

No entiendo.	**Ek verstaan dit nie.** [ɛk ferstãn dit ni.]
Escríbalo, por favor.	**Skryf dit neer, asseblief.** [skrajf dit neər, asseblif.]
¿Habla usted ...?	**Praat u ...?** [prãt u ...?]

Hablo un poco de ...	**Ek praat 'n bietjie ...** [ɛk prãt ə biki ...]
inglés	**Engels** [ɛŋəls]
turco	**Turks** [turks]
árabe	**Arabies** [arabis]
francés	**Frans** [fraŋs]

alemán	**Duits** [dœits]
italiano	**Italiaans** [italiãŋs]
español	**Spaans** [spãŋs]
portugués	**Portugees** [portuχeəs]
chino	**Sjinees** [ʃineəs]
japonés	**Japannees** [japanneəs]

¿Puede repetirlo, por favor?	**Kan u dit herhaal asseblief** [kan u dit herhãl asseblif]
Lo entiendo.	**Ek verstaan dit.** [ɛk ferstãn dit.]
No entiendo.	**Ek verstaan dit nie.** [ɛk ferstãn dit ni.]
Hable más despacio, por favor.	**Praat bietjie stadiger asseblief.** [prãt biki stadiχər asseblif.]

¿Está bien?	**Is dit reg?** [is dit reχ?]
¿Qué es esto? (¿Que significa esto?)	**Wat is dit?** [vat is dit?]

Disculpas

Perdone, por favor.	**Verskoon my, asseblief.** [ferskoən maj, asseblif.]
Lo siento.	**Jammer.** [jammər.]
Lo siento mucho.	**Ek is baie jammer.** [ɛk is baje jammər.]
Perdón, fue culpa mía.	**Jammer, dis my skuld.** [jammər, dis maj skult.]
Culpa mía.	**My skuld.** [maj skult.]

¿Puedo …?	**Mag ek …?** [maχ ek …?]
¿Le molesta si …?	**Sal u omgee as ek …?** [sal u omχeə as ek …?]
¡No hay problema! (No pasa nada.)	**Dis OK.** [dis okej.]
Todo está bien.	**Maak nie saak nie.** [māk ni sāk ni.]
No se preocupe.	**Moet jou nie daaroor bekommer nie.** [mut jæʊ ni dāroər bekommər ni.]

Acuerdos

Sí.	**Ja.** [ja.]
Sí, claro.	**Ja, beslis.** [ja, beslis.]
Bien.	**OK. Goed!** [okej. χut!]
Muy bien.	**Uitstekend.** [œitstekent]
¡Claro que sí!	**Definitief!** [definitif!]
Estoy de acuerdo.	**Ek stem saam.** [ɛk stem sãm.]

Es verdad.	**Dis reg.** [dis reχ.]
Es correcto.	**Dis reg.** [dis reχ.]
Tiene razón.	**U is reg.** [u is reχ.]
No me molesta.	**Ek gee nie om nie.** [ɛk χeə ni om ni.]
Es completamente cierto.	**Heeltemal reg.** [heəltemal reχ.]

Es posible.	**Dis moontlik.** [dis moentlik.]
Es una buena idea.	**Dis 'n goeie idee.** [dis ə χuje ideə.]
No puedo decir que no.	**Ek kan nie nee sê nie.** [ɛk kan ni neə sɛː ni.]
Estaré encantado /encantada/.	**Dis 'n plesier.** [dis ə plesir.]
Será un placer.	**Plesier.** [plesir.]

Rechazo. Expresar duda

No.
Nee
[neə]

Claro que no.
Beslis nie.
[beslis ni.]

No estoy de acuerdo.
Ek stem nie saam nie.
[ɛk stem ni sãm ni.]

No lo creo.
Ek glo dit nie.
[ɛk χlo dit ni.]

No es verdad.
Dis nie waar nie.
[dis ni vãr ni.]

No tiene razón.
U maak 'n fout.
[u mãk ə fæʊt.]

Creo que no tiene razón.
Ek dink u is verkeerd.
[ɛk dink u is ferkeərt.]

No estoy seguro /segura/.
Ek is nie seker nie.
[ɛk is ni sekər ni.]

No es posible.
Dis onmoontlik.
[dis onmoentlik.]

¡Nada de eso!
Glad nie!
[χlat ni!]

Justo lo contrario.
Net die teenoorgestelde!
[net di teənoərχestɛlde!]

Estoy en contra de ello.
Ek is daarteen.
[ɛk is dãrteən.]

No me importa. (Me da igual.)
Ek gee nie om nie.
[ɛk χeə ni om ni.]

No tengo ni idea.
Ek het nie 'n idee nie.
[ɛk het ni ə ideə ni.]

Dudo que sea así.
Ek betwyfel dit.
[ɛk betwajfəl dit.]

Lo siento, no puedo.
Jammer, ek kan nie.
[jammər, ɛk kan ni.]

Lo siento, no quiero.
Jammer, ek wil nie.
[jammər, ɛk vil ni.]

Gracias, pero no lo necesito.
Dankie, maar ek het dit nie nodig nie.
[danki, mãr ɛk het dit ni nodəχ ni.]

Ya es tarde.
Dit word laat.
[dit vort lãt.]

Tengo que levantarme temprano.

Ek moet vroeg opstaan.
[ɛk mut fruχ opstān.]

Me encuentro mal.

Ek voel nie lekker nie.
[ɛk ful ni lɛkkər ni.]

Expresar gratitud

Gracias.	**Baie dankie.** [baje danki.]
Muchas gracias.	**Baie dankie.** [baje danki.]
De verdad lo aprecio.	**Ek waardeer dit.** [ɛk vãrdeer dit.]
Se lo agradezco.	**Ek is u baie dankbaar.** [ɛk is u baje dankbãr.]
Se lo agradecemos.	**Ons is u baie dankbaar.** [ɔŋs is u baje dankbãr.]

Gracias por su tiempo.	**Baie dankie vir u tyd.** [baje danki fir u tajt.]
Gracias por todo.	**Baie dankie vir alles.** [baje danki fir alles.]
Gracias por ...	**Dankie vir ...** [danki fir ...]
su ayuda	**u hulp** [u hulp]
tan agradable momento	**vir 'n lekker tydjie** [fir ə lɛkkər tajʤi]

una comida estupenda	**'n heerlike ete** [ə heərlikə etə]
una velada tan agradable	**'n aangename aand** [ə ãnχənamə ãnt]
un día maravilloso	**'n oulike dag** [ə æʊlikə daχ]
un viaje increíble	**'n wonderlike reis** [ə vondərlikə ræjs]

No hay de qué.	**Plesier.** [plesir.]
De nada.	**Plesier.** [plesir.]
Siempre a su disposición.	**Enige tyd.** [ɛniχə tajt.]
Encantado /Encantada/ de ayudarle.	**Plesier.** [plesir.]
No hay de qué.	**Plesier.** [plesir.]
No tiene importancia.	**Moet jou nie bekommer nie.** [mut jæʊ ni bekommər ni.]

Felicitaciones , Mejores Deseos

¡Felicidades!	**Geluk!**
	[χeluk!]
¡Feliz Cumpleaños!	**Geluk met jou verjaardag!**
	[χeluk met jæʊ ferjārdaχ!]
¡Feliz Navidad!	**Geseënde Kersfees!**
	[χeseɛndə kersfeɛs!]
¡Feliz Año Nuevo!	**Gelukkige Nuwejaar!**
	[χelukkiχə nuvejār!]

¡Felices Pascuas!	**Geseënde Paasfees!**
	[χeseɛndə pāsfeɛs!]
¡Feliz Hanukkah!	**Gelukkige Chanoeka!**
	[χelukkiχə χanuka!]

Quiero brindar.	**Ek wil graag 'n heildronk instel.**
	[ɛk vil χrāχ ə hæjldronk instəl.]
¡Salud!	**Gesondheid!**
	[χesonthæjt!]
¡Brindemos por ...!	**Laat ons drink op ...!**
	[lāt ɔŋs drink op ...!]
¡A nuestro éxito!	**Op jou sukses!**
	[op jæʊ suksɛs!]
¡A su éxito!	**Op u sukses!**
	[op u suksɛs!]

¡Suerte!	**Sukses!**
	[suksɛs!]
¡Que tenga un buen día!	**Geniet die dag!**
	[χenit di daχ!]
¡Que tenga unas buenas vacaciones!	**Geniet die vakansie!**
	[χenit di fakaŋsi!]
¡Que tenga un buen viaje!	**Veilig ry!**
	[fæjləχ raj!]
¡Espero que se recupere pronto!	**Ek hoop u voel gou beter!**
	[ɛk hoəp u ful χæʊ betər!]

Socializarse

¿Por qué está triste?	**Hoekom lyk u so droewig?** [hukom lajk u so druvəχ?]
¡Sonría! ¡Anímese!	**Lag 'n bietjie! Wees vrolik!** [laχ ə biki! veəs frolik!]
¿Está libre esta noche?	**Is u vry vanaand?** [is u fraj fanãnt?]

¿Puedo ofrecerle algo de beber?	**Kan ek 'n drankie vir jou kry?** [kan ek ə dranki fir jæʊ kraj?]
¿Querría bailar conmigo?	**Wil u dans?** [vil u daŋs?]
Vamos a ir al cine.	**Sal ons bioskoop toe gaan?** [sal ɔŋs bioskoəp tu χãn?]

¿Puedo invitarle a …?	**Mag ek jou uitnooi na …?** [maχ ek jæʊ œitnoj na …?]
un restaurante	**'n restaurant** [ə restɔurant]
el cine	**die bioskoop** [di bioskoəp]
el teatro	**die teater** [di teatər]
dar una vuelta	**gaan stap** [χãn stap]

¿A qué hora?	**Hoe laat?** [hu lãt?]
esta noche	**vanaand** [fanãnt]
a las seis	**om ses uur** [om ses ɪr]
a las siete	**om sewe uur** [om sevə ɪr]
a las ocho	**om agt uur** [om aχt ɪr]
a las nueve	**om nege uur** [om neχə ɪr]

¿Le gusta este lugar?	**Geniet u dit hier?** [χenit u dit hir?]
¿Está aquí con alguien?	**Is u hier saam met iemand?** [is u hir sãm met imant?]
Estoy con mi amigo /amiga/.	**Ek is met my vriend.** [ɛk is met maj frint.]

Estoy con amigos.

No, estoy solo /sola/.

Ek is met my vriende.
[ɛk is met maj frində.]

Nee, ek is alleen.
[neə, ek is alleən.]

¿Tienes novio?

Tengo novio.

¿Tienes novia?

Tengo novia.

Het jy 'n kêrel?
[het jaj ə kærel?]

Ek het 'n kêrel.
[ɛk het ə kærel.]

Het jy 'n meisie?
[het jaj ə mæjsi?]

Ek het 'n meisie.
[ɛk het ə mæjsi.]

¿Te puedo volver a ver?

¿Te puedo llamar?

Llámame.

¿Cuál es tu número?

Te echo de menos.

Kan ek jou weer sien?
[kan ek jæʊ veər sin?]

Kan ek jou bel?
[kan ek jæʊ bel?]

Bel my.
[bel maj.]

Wat is jou nommer?
[vat is jæʊ nommər?]

Ek mis jou.
[ɛk mis jæʊ.]

¡Qué nombre tan bonito!

Te quiero.

¿Te casarías conmigo?

¡Está de broma!

Sólo estoy bromeando.

U het 'n mooi naam.
[u het ə moj nãm.]

Ek hou van jou.
[ɛk hæʊ fan jæʊ.]

Wil jy met my trou?
[vil jaj met maj træʊ?]

U maak grappies!
[u mãk χrappis!]

Ek maak net 'n grappie.
[ɛk mãk net ə χrappi.]

¿En serio?

Lo digo en serio.

¿De verdad?

¡Es increíble!

No le creo.

No puedo.

No lo sé.

No le entiendo.

Bedoel u dit?
[bedul u dit?]

Ek is ernstig.
[ɛk is ernstəχ.]

Regtig waar?!
[reχtəχ vãr?!]

Dis ongelooflik.
[dis onχeloəflik.]

Ek glo jou nie.
[ɛk χlo jæʊ ni.]

Ek kan nie.
[ɛk kan ni.]

Ek weet dit nie.
[ɛk veət dit ni.]

Ek verstaan u nie.
[ɛk ferstãn u ni.]

Váyase, por favor.

¡Déjeme en paz!

Loop asseblief.
[loəp asseblif.]
Los my uit!
[los maj œit!]

Es inaguantable.

¡Es un asqueroso!

¡Llamaré a la policía!

Ek kan hom nie verdra nie.
[ɛk kan hom ni ferdra ni.]
U is walglik!
[u is valχlik!]
Ek gaan die polisie bel!
[ɛk χān di polisi bel!]

Compartir impresiones. Emociones

Me gusta.	**Ek hou daarvan.** [ɛk hæʊ dãrfan.]
Muy lindo.	**Baie mooi.** [baje moj.]
¡Es genial!	**Dis oulik!** [dis æʊlik!]
No está mal.	**Dis nie sleg nie.** [dis ni sleχ ni.]

No me gusta.	**Ek hou nie daarvan nie.** [ɛk hæʊ ni dãrfan ni.]
No está bien.	**Dis nie goed nie.** [dis ni χut ni.]
Está mal.	**Dis sleg.** [dis sleχ.]
Está muy mal.	**Dis baie sleg.** [dis baje sleχ.]
¡Qué asco!	**Dis walglik.** [dis valχlik.]

Estoy feliz.	**Ek is bly.** [ɛk is blaj.]
Estoy contento /contenta/.	**Ek is tevrede.** [ɛk is tefrede.]
Estoy enamorado /enamorada/.	**Ek is verlief.** [ɛk is ferlif.]
Estoy tranquilo.	**Ek is rustig.** [ɛk is rustəχ.]
Estoy aburrido.	**Ek verveel my.** [ɛk ferfeəl maj.]

Estoy cansado /cansada/.	**Ek is moeg.** [ɛk is muχ.]
Estoy triste.	**Ek is droewig.** [ɛk is druvəχ.]
Estoy asustado.	**Ek is bang.** [ɛk is baŋ.]
Estoy enfadado /enfadada/.	**Ek is kwaad.** [ɛk is kwãt.]

Estoy preocupado /preocupada/.	**Ek is bekommerd.** [ɛk is bekommert.]
Estoy nervioso /nerviosa/.	**Ek is senuweeagtig.** [ɛk is senuveə aχtəχ.]

Estoy celoso /celosa/.

Ek is jaloers.
[ɛk is jalurs.]

Estoy sorprendido /sorprendida/.

Dit verbaas my.
[dit fərbãs maj.]

Estoy perplejo /perpleja/.

Ek is verbouereerd.
[ɛk is ferbæʊreərt.]

Problemas, Accidentes

Tengo un problema.	**Ek het 'n probleem.** [ɛk het ə probleəm.]
Tenemos un problema.	**Ons het 'n probleem.** [ɔŋs het ə probleəm.]
Estoy perdido /perdida/.	**Ek het verdwaal.** [ɛk het ferdwāl.]
Perdí el último autobús (tren).	**Ek het die laaste bus (trein) gemis.** [ɛk het di lāstə bus (træjn) χemis.]
No me queda más dinero.	**My geld is op.** [maj χɛlt is op.]

He perdido ...	**Ek het my ... verloor** [ɛk het maj ... ferloər]
Me han robado ...	**Lemand het my ... gesteel.** [lemant het maj ... χesteəl.]
mi pasaporte	**paspoort** [paspoərt]
mi cartera	**beursie** [bøərsi]
mis papeles	**papiere** [papirə]
mi billete	**kaartjie** [kārki]

mi dinero	**geld** [χɛlt]
mi bolso	**handsak** [hand·sak]
mi cámara	**kamera** [kamera]
mi portátil	**skootrekenaar** [skoət·rekənār]
mi tableta	**tablet** [tablet]
mi teléfono	**selfoon** [sɛlfoən]

¡Ayúdeme!	**Help!** [hɛlp!]
¿Qué pasó?	**Wat's fout?** [vats fæʊt?]
el incendio	**brand** [brant]

un tiroteo	**daar word geskiet** [dār vort χeskit]
el asesinato	**moord** [moərt]
una explosión	**ontploffing** [ontploffiŋ]
una pelea	**geveg** [χefeχ]

¡Llame a la policía!	**Bel die polisie!** [bel di polisi!]
¡Más rápido, por favor!	**Maak gou asseblief!** [māk χæʊ asseblif!]
Busco la comisaría.	**Ek soek die polisiekantoor.** [ɛk suk di polisi·kantoər.]
Tengo que hacer una llamada.	**Ek moet bel.** [ɛk mut bel.]
¿Puedo usar su teléfono?	**Mag ek u telefoon gebruik?** [maχ ek u telefoən χebrœik?]

Me han ...	**Ek is ...** [ɛk is ...]
asaltado /asaltada/	**aangeval** [ānχəfal]
robado /robada/	**beroof** [beroəf]
violada	**verkrag** [ferkraχ]
atacado /atacada/	**aangeval** [ānχəfal]

¿Se encuentra bien?	**Gaan dit?** [χān dit?]
¿Ha visto quien a sido?	**Het u gesien wie dit was?** [het u χesin vi dit vas?]
¿Sería capaz de reconocer a la persona?	**Sou u die persoon kon herken?** [sæʊ u di persoən kon herken?]
¿Está usted seguro?	**Is u seker?** [is u seker?]

Por favor, cálmese.	**Kom tot bedaring asseblief.** [kom tot bedariŋ asseblif.]
¡Cálmese!	**Rustig!** [rustəχ!]
¡No se preocupe!	**Moenie bekommerd wees nie!** [muni bekommert veəs ni!]
Todo irá bien.	**Alles sal reg kom.** [alles sal reχ kom.]
Todo está bien.	**Alles is reg.** [alles is reχ.]
Venga aquí, por favor.	**Kom hier asseblief.** [kom hir asseblif.]

Tengo unas preguntas para usted.

Ek het 'n paar vrae vir u.
[ɛk het ə pār fraə fir u.]

Espere un momento, por favor.

Wag 'n bietjie, asseblief.
[vaχ ə biki, asseblif.]

¿Tiene un documento de identidad?

Het u 'n identiteitskaart?
[het u ə identitæjts·kārt?]

Gracias. Puede irse ahora.

Dankie. U kan nou loop.
[danki. u kan næʊ loəp.]

¡Manos detrás de la cabeza!

Hande agter jou kop!
[handə aχtər jæʊ kop!]

¡Está arrestado!

U is onder arres!
[u is ondər arres!]

Problemas de salud

Ayudeme, por favor.	**Help my, asseblief.** [hɛlp maj, asseblif.]
No me encuentro bien.	**Ek voel nie lekker nie.** [ɛk ful ni lɛkkər ni.]
Mi marido no se encuentra bien.	**My man voel nie lekker nie.** [maj man ful ni lɛkkər ni.]
Mi hijo ...	**My seun ...** [maj søøn ...]
Mi padre ...	**My pa ...** [maj pa ...]
Mi mujer no se encuentra bien.	**My vrou voel nie lekker nie.** [maj fræʊ ful ni lɛkkər ni.]
Mi hija ...	**My dogter ...** [maj doχtər ...]
Mi madre ...	**My ma ...** [maj ma ...]
Me duele ...	**Ek het ...** [ɛk het ...]
la cabeza	**koppyn** [koppajn]
la garganta	**keelpyn** [keəl·pajn]
el estómago	**maagpyn** [māχpajn]
un diente	**tandpyn** [tand·pajn]
Estoy mareado.	**Ek voel duiselig.** [ɛk ful dœiseləχ.]
Él tiene fiebre.	**Hy het koors.** [haj het koərs.]
Ella tiene fiebre.	**Sy het koors.** [saj het koərs.]
No puedo respirar.	**Ek kan nie goed asemhaal nie.** [ɛk kan ni χut asemhāl ni.]
Me ahogo.	**Ek is kortasem.** [ɛk is kortasem.]
Tengo asma.	**Ek is asmaties.** [ɛk is asmatis.]
Tengo diabetes.	**Ek is diabeet.** [ɛk is diabeət.]

No puedo dormir.

intoxicación alimentaria

Ek kan nie slaap nie.
[ɛk kan ni slɑ̄p ni.]

voedselvergiftiging
[fudsəl·ferχiftəχiŋ]

Me duele aquí.

¡Ayúdeme!

¡Estoy aquí!

¡Estamos aquí!

¡Saquenme de aquí!

Necesito un médico.

No me puedo mover.

No puedo mover mis piernas.

Dis seer hier.
[dis seər hir.]

Help!
[hɛlp!]

Ek is hier!
[ɛk is hir!]

Ons is hier!
[ɔŋs is hir!]

Kom kry my!
[kom kraj maj!]

Ek het 'n dokter nodig.
[ɛk het ə doktər nodəχ.]

Ek kan nie beweeg nie.
[ɛk kan ni beveəχ ni.]

Ek kan my bene nie beweeg nie.
[ɛk kan maj benə ni beveəχ ni.]

Tengo una herida.

¿Es grave?

Mis documentos están en mi bolsillo.

¡Cálmese!

¿Puedo usar su teléfono?

Ek het 'n wond.
[ɛk het ə vont.]

Is dit ernstig?
[is dit ernstəχ?]

My dokumente is in my sak.
[maj dokumentə is in maj sak.]

Bedaar!
[bedɑ̄r!]

Mag ek u telefoon gebruik?
[maχ ek u telefoən χebrœik?]

¡Llame a una ambulancia!

¡Es urgente!

¡Es una emergencia!

¡Más rápido, por favor!

¿Puede llamar a un médico, por favor?

¿Dónde está el hospital?

Bel 'n ambulans!
[bel ə ambulaŋs!]

Dis dringend!
[dis driŋənd!]

Dis 'n noodgeval!
[dis ə noədχefal!]

Maak gou asseblief!
[mɑ̄k χæʊ asseblif!]

Kan u asseblief 'n dokter bel?
[kan u asseblif ə doktər bel?]

Waar is die hospitaal?
[vɑ̄r is di hospitɑ̄l?]

¿Cómo se siente?

¿Se encuentra bien?

¿Qué pasó?

Hoe voel u?
[hu ful u?]

Hoe gaan dit?
[hu χɑ̄n dit?]

Wat het gebeur?
[vat het χebøər?]

Me encuentro mejor.	**Ek voel nou beter.** [ɛk ful næʊ betər.]
Está bien.	**Dis OK.** [dis okej.]
Todo está bien.	**Dit gaan goed.** [dit χān χut.]

En la farmacia

la farmacia	**apteek** [apteək]
la farmacia 24 horas	**24 uur apteek** [fir-en-twintəχ ɪr apteək]
¿Dónde está la farmacia más cercana?	**Waar is die naaste apteek?** [vār is di nāstə apteək?]

¿Está abierta ahora?	**Is hy nou oop?** [is haj næʊ oəp?]
¿A qué hora abre?	**Hoe laat gaan hy oop?** [hu lāt χān haj oəp?]
¿A qué hora cierra?	**Hoe laat sluit hy?** [hu lāt slœit haj?]

¿Está lejos?	**Is dit ver?** [is dit fer?]
¿Puedo llegar a pie?	**Kan ek soontoe stap?** [kan ek soentu stap?]
¿Puede mostrarme en el mapa?	**Kan u dit op die stadskaart aanwys?** [kan u dit op di statskārt ānwajs?]

Por favor, deme algo para ...	**Gee my iets vir ... asseblief** [χeə maj its fir ... asseblif]
un dolor de cabeza	**koppyn** [koppajn]
la tos	**hoes** [hus]
el resfriado	**verkoudheid** [ferkæʊdhæjt]
la gripe	**griep** [χrip]

la fiebre	**koors** [koərs]
un dolor de estomago	**maagpyn** [māχpajn]
nauseas	**naarheid** [nārhæjt]
la diarrea	**diarree** [diarreə]
el estreñimiento	**konstipasie** [koŋstipasi]
un dolor de espalda	**rugpyn** [ruχpajn]

un dolor de pecho	**borspyn** [borspajn]
el flato	**steek in my sy** [steək in maj saj]
un dolor abdominal	**pyn in my onderbuik** [pajn in maj ondərbœik]

la píldora	**pil** [pil]
la crema	**salf, room** [salf, roəm]
el jarabe	**stroop** [stroəp]
el spray	**sproeier** [sprujer]
las gotas	**druppels** [druppɛls]

Tiene que ir al hospital.	**U moet hospitaal toe gaan.** [u mut hospitāl tu χān.]
el seguro de salud	**siekteversekering** [siktə·fersekeriŋ]
la receta	**voorskrif** [foərskrif]
el repelente de insectos	**insekmiddel** [insek·middəl]
la curita	**kleefverband** [kleəffər·bant]

Lo más imprescindible

Perdone, ...	**Verskoon my, ...** [ferskoən maj, ...]
Hola.	**Hallo.** [hallo.]
Gracias.	**Baie dankie.** [baje danki.]

Sí.	**Ja.** [ja.]
No.	**Nee.** [neə.]
No lo sé.	**Ek weet nie.** [ɛk veət ni.]
¿Dónde?	¿A dónde?	¿Cuándo?	**Waar?	Waarheen?	Wanneer?** [vãr?	vãrheən?	vanneər?]

Necesito ...	**Ek het ... nodig** [ɛk het ... nodəχ]
Quiero ...	**Ek wil ...** [ɛk vil ...]
¿Tiene ...?	**Het u ...?** [het u ...?]
¿Hay ... por aquí?	**Is hier 'n ...?** [is hir ə ...?]
¿Puedo ...?	**Mag ek ...?** [maχ ek ...?]
..., por favor? (petición educada)	**... asseblief** [... asseblif]

Busco ...	**Ek soek ...** [ɛk suk ...]
el servicio	**toilet** [tojlet]
un cajero automático	**OTM** [o·te·em]
una farmacia	**apteek** [apteək]
el hospital	**hospitaal** [hospitãl]

la comisaría	**polisiekantoor** [polisi·kantoər]
el metro	**moltrein** [moltræjn]

un taxi	**taxi** [taksi]
la estación de tren	**stasie** [stasi]

Me llamo …	**My naam is …** [maj nãm is …]
¿Cómo se llama?	**Wat is u naam?** [vat is u nãm?]
¿Puede ayudarme, por favor?	**Kan u my help, asseblief?** [kan u maj hɛlp, asseblif?]
Tengo un problema.	**Ek het 'n probleem.** [ɛk het ə probleəm.]
Me encuentro mal.	**Ek voel nie lekker nie.** [ɛk ful ni lɛkkər ni.]
¡Llame a una ambulancia!	**Bel 'n ambulans!** [bel ə ambulaŋs!]
¿Puedo llamar, por favor?	**Kan ek 'n oproep maak?** [kan ɛk ə oprup mãk?]

Lo siento.	**Jammer.** [jammər.]
De nada.	**Plesier.** [plesir.]

Yo	**Ek, my** [ek, maj]
tú	**jy** [jaj]
él	**hy** [haj]
ella	**sy** [saj]
ellos	**hulle** [hullə]
ellas	**hulle** [hullə]
nosotros /nosotras/	**ons** [ɔŋs]
ustedes, vosotros	**julle** [jullə]
usted	**u** [u]

ENTRADA	**INGANG** [inχaŋ]
SALIDA	**UITGANG** [œitχaŋ]
FUERA DE SERVICIO	**BUITE WERKING** [bœitə verkiŋ]
CERRADO	**GESLUIT** [χeslœit]

ABIERTO	**OOP** [oəp]
PARA SEÑORAS	**DAMES** [dames]
PARA CABALLEROS	**MANS** [maŋs]

T&P BOOKS

VOCABULARIO TEMÁTICO

Esta sección contiene más
de 3.000 de las palabras más
importantes. El diccionario
le proporcionará una ayuda
inestimable mientras viaja al
extranjero, porque las palabras
individuales son a menudo
suficientes para que
le entiendan.
El diccionario incluye una
transcripción adecuada
de cada palabra extranjera

T&P Books Publishing

CONTENIDO
DEL DICCIONARIO

T&P Books Publishing

T&P BOOKS

CONCEPTOS BÁSICOS

T&P Books Publishing

1. Los pronombres

yo	**ek, my**	[εk], [maj]
tú	**jy**	[jaj]
él	**hy**	[haj]
ella	**sy**	[saj]
ello	**dit**	[dit]
nosotros, -as	**ons**	[ɔŋs]
vosotros, -as	**julle**	[jullə]
Usted	**u**	[u]
Ustedes	**u**	[u]
ellos, ellas	**hulle**	[hullə]

2. Saludos. Salutaciones

¡Hola! (fam.)	**Hallo!**	[hallo!]
¡Hola! (form.)	**Hallo!**	[hallo!]
¡Buenos días!	**Goeie môre!**	[χuje mɔrə!]
¡Buenas tardes!	**Goeiemiddag!**	[χuje·middaχ!]
¡Buenas noches!	**Goeienaand!**	[χuje·nãnt!]
decir hola	**dagsê**	[daχsε:]
¡Hola! (a un amigo)	**Hallo!**	[hallo!]
saludo (m)	**groet**	[χrut]
saludar (vt)	**groet**	[χrut]
¿Cómo estás?	**Hoe gaan dit?**	[hu χãn dit?]
¿Cómo estáis?	**Hoe gaan dit?**	[hu χãn dit?]
¿Qué hay de nuevo?	**Hoe gaan dit?**	[hu χãn dit?]
¡Chau! ¡Adiós!	**Totsiens!**	[totsiŋs!]
¡Hasta la vista! (form.)	**Totsiens!**	[totsiŋs!]
¡Hasta la vista! (fam.)	**Koebaai!**	[kubãi!]
¡Hasta pronto!	**Totsiens!**	[totsiŋs!]
¡Adiós! (form.)	**Vaarwel!**	[fãrwel!]
despedirse (vr)	**afskeid neem**	[afskæjt neəm]
¡Hasta luego!	**Koebaai!**	[kubãi!]
¡Gracias!	**Dankie!**	[danki!]
¡Muchas gracias!	**Baie dankie!**	[baje danki!]
De nada	**Plesier**	[plesir]
No hay de qué	**Plesier!**	[plesir!]
De nada	**Plesier**	[plesir]

¡Disculpa!	Ekskuus!	[ɛkskɪs!]
¡Disculpe!	Verskoon my!	[ferskoən maj!]
disculpar (vt)	verskoon	[ferskoən]

disculparse (vr)	verskoning vra	[ferskoniŋ fra]
Mis disculpas	Verskoning	[ferskoniŋ]
¡Perdóneme!	Ek is jammer!	[ɛk is jammər!]
perdonar (vt)	vergewe	[ferχevə]
¡No pasa nada!	Maak nie saak nie!	[māk ni sāk ni!]
por favor	asseblief	[asseblif]

¡No se le olvide!	Vergeet dit nie!	[ferχeət dit ni!]
¡Ciertamente!	Beslis!	[beslis!]
¡Claro que no!	Natuurlik nie!	[natɪrlik ni!]
¡De acuerdo!	OK!	[okej!]
¡Basta!	Dis genoeg!	[dis χenuχ!]

3. Las preguntas

¿Quién?	Wie?	[vi?]
¿Qué?	Wat?	[vat?]
¿Dónde?	Waar?	[vār?]
¿Adónde?	Waarheen?	[vārheən?]
¿De dónde?	Waarvandaan?	[vārfandān?]
¿Cuándo?	Wanneer?	[vanneər?]
¿Para qué?	Hoekom?	[hukom?]
¿Por qué?	Hoekom?	[hukom?]

¿Por qué razón?	Vir wat?	[fir vat?]
¿Cómo?	Hoe?	[hu?]
¿Qué ...? (~ color)	Watter?	[vattər?]
¿Cuál?	Watter een?	[vattər eən?]

¿A quién?	Vir wie?	[fir vi?]
¿De quién? (~ hablan ...)	Oor wie?	[oər vi?]
¿De qué?	Oor wat?	[oər vat?]
¿Con quién?	Met wie?	[met vi?]
¿Cuánto?	Hoeveel?	[hufeəl?]

4. Las preposiciones

con ... (~ algn)	met	[met]
sin ... (~ azúcar)	sonder	[sondər]
a ... (p.ej. voy a México)	na	[na]
de ... (hablar ~)	oor	[oər]
antes de ...	voor	[foər]
delante de ...	voor ...	[foər ...]
debajo	onder	[ondər]

sobre …, encima de …	oor	[oər]
en, sobre (~ la mesa)	op	[op]
de (origen)	uit	[œit]
de (fabricado de)	van	[fan]

| dentro de … | oor | [oər] |
| encima de … | oor | [oər] |

5. Las palabras útiles. Los adverbios. Unidad 1

¿Dónde?	Waar?	[vãr?]
aquí (adv)	hier	[hir]
allí (adv)	daar	[dãr]

| en alguna parte | êrens | [ærɛŋs] |
| en ninguna parte | nêrens | [nærɛŋs] |

| junto a … | by | [baj] |
| junto a la ventana | by | [baj] |

¿A dónde?	Waarheen?	[vãrheən?]
aquí (venga ~)	hier	[hir]
allí (vendré ~)	soontoe	[soentu]
de aquí (adv)	hiervandaan	[hirfandãn]
de allí (adv)	daarvandaan	[dãrfandãn]

| cerca (no lejos) | naby | [nabaj] |
| lejos (adv) | ver | [fer] |

cerca de …	naby	[nabaj]
al lado (de …)	naby	[nabaj]
no lejos (adv)	nie ver nie	[ni fər ni]

izquierdo (adj)	linker-	[linkər-]
a la izquierda (situado ~)	op linkerhand	[op linkərhant]
a la izquierda (girar ~)	na links	[na links]

derecho (adj)	regter	[reχtər]
a la derecha (situado ~)	op regterhand	[op reχtərhant]
a la derecha (girar)	na regs	[na reχs]

delante (yo voy ~)	voor	[foər]
delantero (adj)	voorste	[foərstə]
adelante (movimiento)	vooruit	[foərœit]

detrás de …	agter	[aχtər]
desde atrás	van agter	[fan aχtər]
atrás (da un paso ~)	agtertoe	[aχtərtu]
centro (m), medio (m)	middel	[middəl]
en medio (adv)	in die middel	[in di middəl]

de lado (adv)	op die sykant	[op di sajkant]
en todas partes	orals	[orals]
alrededor (adv)	orals rond	[orals ront]

de dentro (adv)	van binne	[fan binnə]
a alguna parte	êrens	[ærɛŋs]
todo derecho (adv)	reguit	[reχœit]
atrás (muévelo para ~)	terug	[teruχ]

| de alguna parte (adv) | êrens vandaan | [ærɛŋs fandãn] |
| no se sabe de dónde | êrens vandaan | [ærɛŋs fandãn] |

primero (adv)	in die eerste plek	[in di eərstə plek]
segundo (adv)	in die tweede plek	[in di tweədə plek]
tercero (adv)	in die derde plek	[in di derdə plek]

de súbito (adv)	skielik	[skilik]
al principio (adv)	aan die begin	[ãn di beχin]
por primera vez	vir die eerste keer	[fir di eərstə keər]
mucho tiempo antes ...	lank voordat ...	[lank foərdat ...]
de nuevo (adv)	opnuut	[opnɪt]
para siempre (adv)	vir goed	[fir χut]

jamás, nunca (adv)	nooit	[nojt]
de nuevo (adv)	weer	[veər]
ahora (adv)	nou	[næʊ]
frecuentemente (adv)	dikwels	[dikwɛls]
entonces (adv)	toe	[tu]
urgentemente (adv)	dringend	[driŋən]
usualmente (adv)	gewoonlik	[χevoənlik]

a propósito, ...	terloops, ...	[terloəps], [..]
es probable	moontlik	[moentlik]
probablemente (adv)	waarskynlik	[vãrskajnlik]
tal vez	dalk	[dalk]
además ...	trouens ...	[træʊɛŋs ...]
por eso ...	dis hoekom ...	[dis hukom ...]
a pesar de ...	ondanks ...	[ondanks ...]
gracias a ...	danksy ...	[danksaj ...]

qué (pron)	wat	[vat]
que (conj)	dat	[dat]
algo (~ le ha pasado)	iets	[its]
algo (~ así)	iets	[its]
nada (f)	niks	[niks]

quien	wie	[vi]
alguien (viene ~)	iemand	[imant]
alguien (¿ha llamado ~?)	iemand	[imant]

| nadie | niemand | [nimant] |
| a ninguna parte | nêrens | [nærɛŋs] |

| de nadie | niemand se | [nimant sə] |
| de alguien | iemand se | [imant sə] |

tan, tanto (adv)	so	[so]
también (~ habla francés)	ook	[oək]
también (p.ej. Yo ~)	ook	[oək]

6. Las palabras útiles. Los adverbios. Unidad 2

| ¿Por qué? | Waarom? | [vărom?] |
| porque ... | omdat ... | [omdat ...] |

y (p.ej. uno y medio)	en	[ɛn]
o (p.ej. té o café)	of	[of]
pero (p.ej. me gusta, ~)	maar	[mār]
para (p.ej. es para ti)	vir	[fir]

demasiado (adv)	te	[te]
sólo, solamente (adv)	net	[net]
exactamente (adv)	presies	[presis]
unos ..., cerca de ... (~ 10 kg)	ongeveer	[onχəfeər]

aproximadamente	ongeveer	[onχəfeər]
aproximado (adj)	geraamde	[χerāmdə]
casi (adv)	amper	[ampər]
resto (m)	die res	[di res]
el otro (adj)	die ander	[di andər]
otro (p.ej. el otro día)	ander	[andər]
cada (adj)	elke	[ɛlkə]
cualquier (adj)	enige	[ɛniχə]
mucho (adv)	baie	[bajə]
muchos (mucha gente)	baie mense	[bajə mɛŋsə]
todos	almal	[almal]

a cambio de ...	in ruil vir ...	[in rœil fir ...]
en cambio (adv)	as vergoeding	[as ferχudiŋ]
a mano (hecho ~)	met die hand	[met di hant]
poco probable	skaars	[skārs]

probablemente	waarskynlik	[vārskajnlik]
a propósito (adv)	opsetlik	[opsetlik]
por accidente (adv)	toevallig	[tufalləχ]

muy (adv)	baie	[bajə]
por ejemplo (adv)	byvoorbeeld	[bajfoərbeəlt]
entre (~ nosotros)	tussen	[tussən]
entre (~ otras cosas)	tussen	[tussən]
tanto (~ gente)	so baie	[so bajə]
especialmente (adv)	veral	[feral]

NÚMEROS. MISCELÁNEA

T&P Books Publishing

7. Números cardinales. Unidad 1

cero	**nul**	[nul]
uno	**een**	[eən]
dos	**twee**	[tweə]
tres	**drie**	[dri]
cuatro	**vier**	[fir]
cinco	**vyf**	[fajf]
seis	**ses**	[ses]
siete	**sewe**	[sevə]
ocho	**ag**	[aχ]
nueve	**nege**	[neχə]
diez	**tien**	[tin]
once	**elf**	[ɛlf]
doce	**twaalf**	[twālf]
trece	**dertien**	[dertin]
catorce	**veertien**	[feərtin]
quince	**vyftien**	[fajftin]
dieciséis	**sestien**	[sestin]
diecisiete	**sewetien**	[sevətin]
dieciocho	**agtien**	[aχtin]
diecinueve	**negetien**	[neχetin]
veinte	**twintig**	[twintəχ]
veintiuno	**een-en-twintig**	[eən-en-twintəχ]
veintidós	**twee-en-twintig**	[tweə-en-twintəχ]
veintitrés	**drie-en-twintig**	[dri-en-twintəχ]
treinta	**dertig**	[dertəχ]
treinta y uno	**een-en-dertig**	[eən-en-dertəχ]
treinta y dos	**twee-en-dertig**	[tweə-en-dertəχ]
treinta y tres	**drie-en-dertig**	[dri-en-dertəχ]
cuarenta	**veertig**	[feərtəχ]
cuarenta y uno	**een-en-veertig**	[eən-en-feərtəχ]
cuarenta y dos	**twee-en-veertig**	[tweə-en-feərtəχ]
cuarenta y tres	**vier-en-veertig**	[fir-en-feərtəχ]
cincuenta	**vyftig**	[fajftəχ]
cincuenta y uno	**een-en-vyftig**	[eən-en-fajftəχ]
cincuenta y dos	**twee-en-vyftig**	[tweə-en-fajftəχ]
cincuenta y tres	**drie-en-vyftig**	[dri-en-fajftəχ]
sesenta	**sestig**	[sestəχ]

sesenta y uno	**een-en-sestig**	[eən-en-sestəχ]
sesenta y dos	**twee-en-sestig**	[tweə-en-sestəχ]
sesenta y tres	**drie-en-sestig**	[dri-en-sestəχ]

setenta	**sewentig**	[seventəχ]
setenta y uno	**een-en-sewentig**	[eən-en-seventəχ]
setenta y dos	**twee-en-sewentig**	[tweə-en-seventəχ]
setenta y tres	**drie-en-sewentig**	[dri-en-seventəχ]

ochenta	**tagtig**	[taχtəχ]
ochenta y uno	**een-en-tagtig**	[eən-en-taχtəχ]
ochenta y dos	**twee-en-tagtig**	[tweə-en-taχtəχ]
ochenta y tres	**drie-en-tagtig**	[dri-en-taχtəχ]

noventa	**negentig**	[neχentəχ]
noventa y uno	**een-en-negentig**	[eən-en-neχentəχ]
noventa y dos	**twee-en-negentig**	[tweə-en-neχentəχ]
noventa y tres	**drie-en-negentig**	[dri-en-neχentəχ]

8. Números cardinales. Unidad 2

cien	**honderd**	[hondərt]
doscientos	**tweehonderd**	[twee·hondərt]
trescientos	**driehonderd**	[dri·hondərt]
cuatrocientos	**vierhonderd**	[fir·hondərt]
quinientos	**vyfhonderd**	[fajf·hondərt]

seiscientos	**seshonderd**	[ses·hondərt]
setecientos	**sewehonderd**	[seve·hondərt]
ochocientos	**aghonderd**	[aχ·hondərt]
novecientos	**negehonderd**	[neχe·hondərt]

mil	**duisend**	[dœisent]
dos mil	**tweeduisend**	[twee·dœisent]
tres mil	**drieduisend**	[dri·dœisent]
diez mil	**tienduisend**	[tin·dœisent]
cien mil	**honderdduisend**	[hondərt·dajsent]
millón (m)	**miljoen**	[miljun]
mil millones	**miljard**	[miljart]

9. Números ordinales

primero (adj)	**eerste**	[eerstə]
segundo (adj)	**tweede**	[tweedə]
tercero (adj)	**derde**	[derdə]
cuarto (adj)	**vierde**	[firdə]
quinto (adj)	**vyfde**	[fajfdə]
sexto (adj)	**sesde**	[sesdə]

séptimo (adj)	**sewende**	[sevendə]
octavo (adj)	**agste**	[aχstə]
noveno (adj)	**negende**	[neχendə]
décimo (adj)	**tiende**	[tində]

LOS COLORES.
LAS UNIDADES DE MEDIDA

T&P Books Publishing

10. Los colores

color (m)	kleur	[kløər]
matiz (m)	skakering	[skakeriŋ]
tono (m)	tint	[tint]
arco (m) iris	reënboog	[reɛn·boəχ]
blanco (adj)	wit	[vit]
negro (adj)	swart	[swart]
gris (adj)	grys	[χrajs]
verde (adj)	groen	[χrun]
amarillo (adj)	geel	[χeəl]
rojo (adj)	rooi	[roj]
azul (adj)	blou	[blæʊ]
azul claro (adj)	ligblou	[liχ·blæʊ]
rosa (adj)	pienk	[pink]
naranja (adj)	oranje	[oranje]
violeta (adj)	pers	[pers]
marrón (adj)	bruin	[brœin]
dorado (adj)	goue	[χæʊə]
argentado (adj)	silweragtig	[silweraχtəχ]
beige (adj)	beige	[bɛːiʒ]
crema (adj)	roomkleurig	[roəm·kløərəχ]
turquesa (adj)	turkoois	[turkojs]
rojo cereza (adj)	kersierooi	[kersi·roj]
lila (adj)	lila	[lila]
carmesí (adj)	karmosyn	[karmosajn]
claro (adj)	lig	[liχ]
oscuro (adj)	donker	[donkər]
vivo (adj)	helder	[hɛldər]
de color (lápiz ~)	kleurig	[kløərəχ]
en colores (película ~)	kleur	[kløər]
blanco y negro (adj)	swart-wit	[swart-wit]
unicolor (adj)	effe	[ɛffə]
multicolor (adj)	veelkleurig	[feəlkløərəχ]

11. Las unidades de medida

peso (m)	gewig	[χevəχ]
longitud (f)	lengte	[leŋtə]

anchura (f)	breedte	[breədtə]
altura (f)	hoogte	[hoəχtə]
profundidad (f)	diepte	[diptə]
volumen (m)	volume	[folumə]
área (f)	area	[area]

gramo (m)	gram	[χram]
miligramo (m)	milligram	[milliχram]
kilogramo (m)	kilogram	[kiloχram]
tonelada (f)	ton	[ton]
libra (f)	pond	[pont]
onza (f)	ons	[ɔŋs]

metro (m)	meter	[metər]
milímetro (m)	millimeter	[millimetər]
centímetro (m)	sentimeter	[sentimetər]
kilómetro (m)	kilometer	[kilometər]
milla (f)	myl	[majl]

pulgada (f)	duim	[dœim]
pie (m)	voet	[fut]
yarda (f)	jaart	[jãrt]

| metro (m) cuadrado | vierkante meter | [firkantə metər] |
| hectárea (f) | hektaar | [hektãr] |

litro (m)	liter	[litər]
grado (m)	graad	[χrãt]
voltio (m)	volt	[folt]
amperio (m)	ampère	[ampɛ:r]
caballo (m) de fuerza	perdekrag	[perdə·kraχ]

cantidad (f)	hoeveelheid	[hufeəlhæjt]
mitad (f)	helfte	[hɛlftə]
docena (f)	dosyn	[dosajn]
pieza (f)	stuk	[stuk]

| dimensión (f) | grootte | [χroəttə] |
| escala (f) (del mapa) | skaal | [skãl] |

mínimo (adj)	minimaal	[minimãl]
el más pequeño (adj)	die kleinste	[di klæjnstə]
medio (adj)	medium	[medium]
máximo (adj)	maksimaal	[maksimãl]
el más grande (adj)	die grootste	[di χroətstə]

12. Contenedores

| tarro (m) de vidrio | glaspot | [χlas·pot] |
| lata (f) | blikkie | [blikki] |

cubo (m)	emmer	[ɛmmər]
barril (m)	drom	[drom]
palangana (f)	wasbak	[vas·bak]
tanque (m)	tenk	[tɛnk]
petaca (f) (de alcohol)	heupfles	[høəp·fles]
bidón (m) de gasolina	petrolblik	[petrol·blik]
cisterna (f)	tenk	[tɛnk]
taza (f) (mug de cerámica)	beker	[bekər]
taza (f) (~ de café)	koppie	[koppi]
platillo (m)	piering	[piriŋ]
vaso (m) (~ de agua)	glas	[χlas]
copa (f) (~ de vino)	wynglas	[vajn·χlas]
olla (f)	soppot	[sop·pot]
botella (f)	bottel	[bottəl]
cuello (m) de botella	nek	[nek]
garrafa (f)	kraffie	[kraffi]
jarro (m) (~ de agua)	kruik	[krœik]
recipiente (m)	houer	[hæʊər]
tarro (m)	pot	[pot]
florero (m)	vaas	[fãs]
frasco (m) (~ de perfume)	bottel	[bottəl]
frasquito (m)	botteltjie	[bottɛlki]
tubo (m)	buisie	[bœisi]
saco (m) (~ de azúcar)	sak	[sak]
bolsa (f) (~ plástica)	sak	[sak]
paquete (m) (~ de cigarrillos)	pakkie	[pakki]
caja (f)	kartondoos	[karton·doəs]
cajón (m) (~ de madera)	krat	[krat]
cesta (f)	mandjie	[mandʒi]

LOS VERBOS
MÁS IMPORTANTES

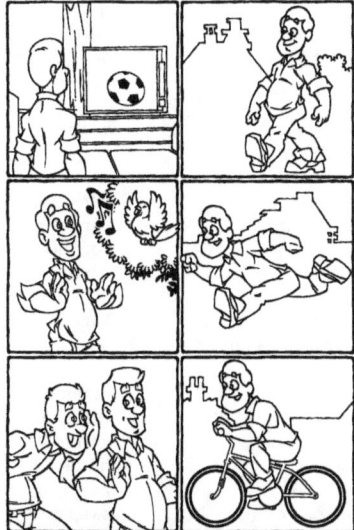

T&P Books Publishing

abrir (vt)	**oopmaak**	[oəpmāk]
acabar, terminar (vt)	**klaarmaak**	[klārmāk]
aconsejar (vt)	**aanraai**	[ānrāi]
adivinar (vt)	**raai**	[rāi]
advertir (vt)	**waarsku**	[vārsku]
alabarse, jactarse (vr)	**spog**	[spoχ]
almorzar (vi)	**gaan eet**	[χān eət]
alquilar (~ una casa)	**huur**	[hɪr]
amenazar (vt)	**dreig**	[dræjχ]
arrepentirse (vr)	**jammer wees**	[jammər veəs]
ayudar (vt)	**help**	[hɛlp]
bañarse (vr)	**gaan swem**	[χān swem]
bromear (vi)	**grappies maak**	[χrappis māk]
buscar (vt)	**soek …**	[suk …]
caer (vi)	**val**	[fal]
callarse (vr)	**stilbly**	[stilblaj]
cambiar (vt)	**verander**	[ferandər]
castigar, punir (vt)	**straf**	[straf]
cavar (vt)	**grawe**	[χravə]
cazar (vi, vt)	**jag**	[jaχ]
cenar (vi)	**aandete gebruik**	[āndetə χebrœik]
cesar (vt)	**ophou**	[ophæʊ]
coger (vt)	**vang**	[faŋ]
comenzar (vt)	**begin**	[beχin]
comparar (vt)	**vergelyk**	[ferχəlajk]
comprender (vt)	**verstaan**	[ferstān]
confiar (vt)	**vertrou**	[fertræʊ]
confundir (vt)	**verwar**	[ferwar]
conocer (~ a alguien)	**ken**	[ken]
contar (vt) (enumerar)	**tel**	[təl]
contar con …	**reken op …**	[reken op …]
continuar (vt)	**aangaan**	[ānχān]
controlar (vt)	**kontroleer**	[kontroleər]
correr (vi)	**hardloop**	[hardloəp]
costar (vt)	**kos**	[kos]
crear (vt)	**skep**	[skep]

14. Los verbos más importantes. Unidad 2

dar (vt)	gee	[χeə]
decir (vt)	sê	[sɛ:]
decorar (para la fiesta)	versier	[fersir]
defender (vt)	verdedig	[ferdedəχ]
dejar caer	laat val	[lāt fal]
desayunar (vi)	ontbyt	[ontbajt]
descender (vi)	afkom	[afkom]
dirigir (administrar)	beheer	[beheər]
disculpar (vt)	verskoon	[ferskoən]
disculparse (vr)	verskoning vra	[ferskoniŋ fra]
discutir (vt)	bespreek	[bespreək]
dudar (vt)	twyfel	[twajfəl]
encontrar (hallar)	vind	[fint]
engañar (vi, vt)	bedrieg	[bedrəχ]
entrar (vi)	binnegaan	[binnəχān]
enviar (vt)	stuur	[stɪr]
escoger (vt)	kies	[kis]
esconder (vt)	wegsteek	[veχsteək]
escribir (vt)	skryf	[skrajf]
esperar (aguardar)	wag	[vaχ]
esperar (tener esperanza)	hoop	[hoəp]
estar (vi)	wees	[veəs]
estar de acuerdo	saamstem	[sāmstem]
estudiar (vt)	studeer	[studeər]
exigir (vt)	eis	[æjs]
existir (vi)	bestaan	[bestān]
explicar (vt)	verduidelik	[ferdœidəlik]
faltar (a las clases)	bank	[bank]
firmar (~ el contrato)	teken	[tekən]
girar (~ a la izquierda)	draai	[drāi]
gritar (vi)	skreeu	[skriʊ]
guardar (conservar)	bewaar	[bevār]
gustar (vi)	hou van	[hæʊ fan]
hablar (vi, vt)	praat	[prāt]
hacer (vt)	doen	[dun]
informar (vt)	in kennis stel	[in kɛnnis stəl]
insistir (vi)	aandring	[āndriŋ]
insultar (vt)	beledig	[beledəχ]
interesarse (vr)	belangstel in ...	[belaŋstəl in ...]
invitar (vt)	uitnooi	[œitnoj]

ir (a pie)	gaan	[χān]
jugar (divertirse)	speel	[speəl]

15. Los verbos más importantes. Unidad 3

leer (vi, vt)	lees	[leəs]
liberar (ciudad, etc.)	bevry	[befraj]
llamar (por ayuda)	roep	[rup]
llegar (vi)	aankom	[ānkom]
llorar (vi)	huil	[hœil]

matar (vt)	doodmaak	[doədmāk]
mencionar (vt)	verwys na	[ferwajs na]
mostrar (vt)	wys	[vajs]
nadar (vi)	swem	[swem]

negarse (vr)	weier	[væjer]
objetar (vt)	beswaar maak	[beswār māk]
observar (vt)	waarneem	[vārneəm]
oír (vt)	hoor	[hoər]

olvidar (vt)	vergeet	[ferχeət]
orar (vi)	bid	[bit]
ordenar (mil.)	beveel	[befeəl]
pagar (vi, vt)	betaal	[betāl]
pararse (vr)	stilhou	[stilhæʊ]

participar (vi)	deelneem	[deəlneəm]
pedir (ayuda, etc.)	vra	[fra]
pedir (en restaurante)	bestel	[bestəl]
pensar (vi, vt)	dink	[dink]

percibir (ver)	raaksien	[rāksin]
perdonar (vt)	vergewe	[ferχevə]
permitir (vt)	toestaan	[tustān]
pertenecer a ...	behoort aan ...	[behoərt ān ...]

planear (vt)	beplan	[beplan]
poder (v aux)	kan	[kan]
poseer (vt)	besit	[besit]
preferir (vt)	verkies	[ferkis]
preguntar (vt)	vra	[fra]

preparar (la cena)	kook	[koək]
prever (vt)	voorsien	[foərsin]
probar, tentar (vt)	probeer	[probeər]
prometer (vt)	beloof	[beloəf]
pronunciar (vt)	uitspreek	[œitspreək]
proponer (vt)	voorstel	[foərstəl]
quebrar (vt)	breek	[breək]

quejarse (vr)	**kla**	[kla]
querer (amar)	**liefhê**	[lifhɛ:]
querer (desear)	**wil**	[vil]

16. Los verbos más importantes. Unidad 4

recomendar (vt)	**aanbeveel**	[ānbefeəl]
regañar, reprender (vt)	**uitvaar teen**	[œitfār teən]
reírse (vr)	**lag**	[laχ]
repetir (vt)	**herhaal**	[herhāl]
reservar (~ una mesa)	**bespreek**	[bespreək]
responder (vi, vt)	**antwoord**	[antwoərt]

robar (vt)	**steel**	[steəl]
saber (~ algo mas)	**weet**	[veət]
salir (vi)	**uitgaan**	[œitχān]
salvar (vt)	**red**	[ret]
seguir ...	**volg ...**	[folχ ...]
sentarse (vr)	**gaan sit**	[χān sit]

ser (vi)	**wees**	[veəs]
ser necesario	**nodig wees**	[nodəχ veəs]
significar (vt)	**beteken**	[betekən]
sonreír (vi)	**glimlag**	[χlimlaχ]
sorprenderse (vr)	**verbaas wees**	[ferbās veəs]

subestimar (vt)	**onderskat**	[ondərskat]
tener (vt)	**hê**	[hɛ:]
tener hambre	**honger wees**	[hoŋər veəs]
tener miedo	**bang wees**	[baŋ veəs]

tener prisa	**opskud**	[opskut]
tener sed	**dors wees**	[dors veəs]
tirar, disparar (vi)	**skiet**	[skit]
tocar (con las manos)	**aanraak**	[ānrāk]
tomar (vt)	**vat**	[fat]
tomar nota	**opskryf**	[opskrajf]

trabajar (vi)	**werk**	[verk]
traducir (vt)	**vertaal**	[fertāl]
unir (vt)	**verenig**	[ferenəχ]
vender (vt)	**verkoop**	[ferkoəp]
ver (vt)	**sien**	[sin]
volar (pájaro, avión)	**vlieg**	[fliχ]

LA HORA. EL CALENDARIO

T&P Books Publishing

17. Los días de la semana

lunes (m)	**Maandag**	[māndaχ]
martes (m)	**Dinsdag**	[dinsdaχ]
miércoles (m)	**Woensdag**	[voɛŋsdaχ]
jueves (m)	**Donderdag**	[dondərdaχ]
viernes (m)	**Vrydag**	[frajdaχ]
sábado (m)	**Saterdag**	[satərdaχ]
domingo (m)	**Sondag**	[sondaχ]

hoy (adv)	**vandag**	[fandaχ]
mañana (adv)	**môre**	[mɔrə]
pasado mañana	**oormôre**	[oərmɔrə]
ayer (adv)	**gister**	[χistər]
anteayer (adv)	**eergister**	[eərχistər]

día (m)	**dag**	[daχ]
día (m) de trabajo	**werksdag**	[verks·daχ]
día (m) de fiesta	**openbare vakansiedag**	[openbarə fakaŋsi·daχ]
día (m) de descanso	**verlofdag**	[ferlofdaχ]
fin (m) de semana	**naweek**	[naveək]

todo el día	**die hele dag**	[di helə daχ]
al día siguiente	**die volgende dag**	[di folχendə daχ]
dos días atrás	**twee dae gelede**	[tweə daə χeledə]
en vísperas (adv)	**die dag voor**	[di daχ foər]
diario (adj)	**daeliks**	[daəliks]
cada día (adv)	**elke dag**	[ɛlkə daχ]

semana (f)	**week**	[veək]
semana (f) pasada	**laas week**	[lās veək]
semana (f) que viene	**volgende week**	[folχendə veək]
semanal (adj)	**weekliks**	[veəkliks]
cada semana (adv)	**weekliks**	[veəkliks]
todos los martes	**elke Dinsdag**	[ɛlkə dinsdaχ]

18. Las horas. El día y la noche

mañana (f)	**oggend**	[oχent]
por la mañana	**soggens**	[soχɛŋs]
mediodía (m)	**middag**	[middaχ]
por la tarde	**in die namiddag**	[in di namiddaχ]
noche (f)	**aand**	[ānt]
por la noche	**saans**	[sāŋs]

noche (f) (p.ej. 2:00 a.m.)	nag	[naχ]
por la noche	snags	[snaχs]
medianoche (f)	middernag	[middərnaχ]

segundo (m)	sekonde	[sekondə]
minuto (m)	minuut	[minɪt]
hora (f)	uur	[ɪr]
media hora (f)	n halfuur	[n halfɪr]
quince minutos	vyftien minute	[fajftin minutə]
veinticuatro horas	24 ure	[fir-en-twintəχ urə]

salida (f) del sol	sonop	[son·op]
amanecer (m)	daeraad	[daerãt]
madrugada (f)	elke oggend	[ɛlkə oχent]
puesta (f) del sol	sononder	[son·ondər]

de madrugada	vroegdag	[fruχdaχ]
esta mañana	vanmôre	[fanmɔrə]
mañana por la mañana	môreoggend	[mɔrə·oχent]

esta tarde	vanmiddag	[fanmiddaχ]
por la tarde	in die namiddag	[in di namiddaχ]
mañana por la tarde	môremiddag	[mɔrə·middaχ]

| esta noche (p.ej. 8:00 p.m.) | vanaand | [fanãnt] |
| mañana por la noche | môreaand | [mɔrə·ãnt] |

a las tres en punto	klokslag 3 uur	[klokslaχ dri ɪr]
a eso de las cuatro	omstreeks 4 uur	[omstreeks fir ɪr]
para las doce	teen 12 uur	[teən twalf ɪr]

| dentro de veinte minutos | oor twintig minute | [oər twintəχ minutə] |
| a tiempo (adv) | betyds | [betajds] |

… menos cuarto	kwart voor …	[kwart foər …]
cada quince minutos	elke 15 minute	[ɛlkə fajftin minutə]
día y noche	24 uur per dag	[fir-en-twintəχ pər daχ]

19. Los meses. Las estaciones

enero (m)	Januarie	[januari]
febrero (m)	Februarie	[februari]
marzo (m)	Maart	[mãrt]
abril (m)	April	[april]
mayo (m)	Mei	[mæj]
junio (m)	Junie	[juni]

| julio (m) | Julie | [juli] |
| agosto (m) | Augustus | [ɔuχustus] |

septiembre (m)	**September**	[septembər]
octubre (m)	**Oktober**	[oktobər]
noviembre (m)	**November**	[nofembər]
diciembre (m)	**Desember**	[desembər]
primavera (f)	**lente**	[lentə]
en primavera	**in die lente**	[in di lentə]
de primavera (adj)	**lente-**	[lente-]
verano (m)	**somer**	[somər]
en verano	**in die somer**	[in di somər]
de verano (adj)	**somerse**	[somersə]
otoño (m)	**herfs**	[herfs]
en otoño	**in die herfs**	[in di herfs]
de otoño (adj)	**herfsagtige**	[herfsaχtiχə]
invierno (m)	**winter**	[vintər]
en invierno	**in die winter**	[in di vintər]
de invierno (adj)	**winter-**	[vintər-]
mes (m)	**maand**	[mānt]
este mes	**hierdie maand**	[hirdi mānt]
al mes siguiente	**volgende maand**	[folχendə mānt]
el mes pasado	**laasmaand**	[lāsmānt]
dentro de dos meses	**oor twe maande**	[oər twə māndə]
todo el mes	**die hele maand**	[di helə mānt]
mensual (adj)	**maandeliks**	[māndəliks]
mensualmente (adv)	**maandeliks**	[māndəliks]
cada mes	**elke maand**	[ɛlkə mānt]
año (m)	**jaar**	[jār]
este año	**hierdie jaar**	[hirdi jār]
el próximo año	**volgende jaar**	[folχendə jār]
el año pasado	**laasjaar**	[lāʃār]
dentro de dos años	**binne twee jaar**	[binnə tweə jār]
todo el año	**die hele jaar**	[di helə jār]
cada año	**elke jaar**	[ɛlkə jār]
anual (adj)	**jaarliks**	[jārliks]
anualmente (adv)	**jaarliks**	[jārliks]
cuatro veces por año	**4 keer per jaar**	[fir keər pər jār]
fecha (f) (la ~ de hoy es …)	**datum**	[datum]
fecha (f) (~ de entrega)	**datum**	[datum]
calendario (m)	**kalender**	[kalendər]
seis meses	**ses maande**	[ses māndə]
estación (f)	**seisoen**	[sæejsun]
siglo (m)	**eeu**	[iʊ]

EL VIAJE. EL HOTEL

turismo (m)	**toerisme**	[turismə]
turista (m)	**toeris**	[turis]
viaje (m)	**reis**	[ræjs]
aventura (f)	**avontuur**	[afontɪr]
viaje (m) (p.ej. ~ en coche)	**reis**	[ræjs]
vacaciones (f pl)	**vakansie**	[fakaŋsi]
estar de vacaciones	**met vakansie wees**	[met fakaŋsi veəs]
descanso (m)	**rus**	[rus]
tren (m)	**trein**	[træjn]
en tren	**per trein**	[pər træjn]
avión (m)	**vliegtuig**	[fliχtœiχ]
en avión	**per vliegtuig**	[pər fliχtœiχ]
en coche	**per motor**	[pər motor]
en barco	**per skip**	[pər skip]
equipaje (m)	**bagasie**	[baχasi]
maleta (f)	**tas**	[tas]
carrito (m) de equipaje	**bagasiekarretjie**	[baχasi·karrəki]
pasaporte (m)	**paspoort**	[paspoərt]
visado (m)	**visum**	[fisum]
billete (m)	**kaartjie**	[kārki]
billete (m) de avión	**lugkaartjie**	[luχ·kārki]
guía (f) (libro)	**reisgids**	[ræjsχids]
mapa (m)	**kaart**	[kārt]
área (f) (~ rural)	**gebied**	[χebit]
lugar (m)	**plek**	[plek]
exotismo (m)	**eksotiese dinge**	[ɛksotisə diŋə]
exótico (adj)	**eksoties**	[ɛksotis]
asombroso (adj)	**verbasend**	[ferbasent]
grupo (m)	**groep**	[χrup]
excursión (f)	**uitstappie**	[œitstappi]
guía (m) (persona)	**gids**	[χids]

hotel (m)	**hotel**	[hotəl]
motel (m)	**motel**	[motəl]

de tres estrellas	**drie-ster**	[dri-stər]
de cinco estrellas	**vyf-ster**	[fajf-stər]
hospedarse (vr)	**oornag**	[oərnaχ]
habitación (f)	**kamer**	[kamər]
habitación (f) individual	**enkelkamer**	[ɛnkəl·kamər]
habitación (f) doble	**dubbelkamer**	[dubbəl·kamər]
media pensión (f)	**met aandete,**	[met ãndetə],
	bed en ontbyt	[bet en ontbajt]
pensión (f) completa	**volle losies**	[follə losis]
con baño	**met bad**	[met bat]
con ducha	**met stortbad**	[met stort·bat]
televisión (f) satélite	**satelliet-TV**	[satɛllit-te·fe]
climatizador (m)	**lugversorger**	[luχfersorχər]
toalla (f)	**handdoek**	[handduk]
llave (f)	**sleutel**	[sløətəl]
administrador (m)	**bestuurder**	[bestɪrdər]
camarera (f)	**kamermeisie**	[kamər·mæejsi]
maletero (m)	**hoteljoggie**	[hotəl·joχi]
portero (m)	**portier**	[portir]
restaurante (m)	**restaurant**	[restɔurant]
bar (m)	**kroeg**	[kruχ]
desayuno (m)	**ontbyt**	[ontbajt]
cena (f)	**aandete**	[ãndetə]
buffet (m) libre	**buffetete**	[buffetetə]
vestíbulo (m)	**voorportaal**	[foər·portãl]
ascensor (m)	**hysbak**	[hajsbak]
NO MOLESTAR	**MOENIE STEUR NIE**	[muni støər ni]
PROHIBIDO FUMAR	**ROOK VERBODE**	[roək ferbodə]

22. El turismo. La excursión

monumento (m)	**monument**	[monument]
fortaleza (f)	**fort**	[fort]
palacio (m)	**paleis**	[palæejs]
castillo (m)	**kasteel**	[kasteəl]
torre (f)	**toring**	[toriŋ]
mausoleo (m)	**mausoleum**	[mɔusoløəm]
arquitectura (f)	**argitektuur**	[arχitektɪr]
medieval (adj)	**Middeleeus**	[middeliʊs]
antiguo (adj)	**oud**	[æʊt]
nacional (adj)	**nasionaal**	[naʃionãl]
conocido (adj)	**bekend**	[bekent]

turista (m)	**toeris**	[turis]
guía (m) (persona)	**gids**	[χids]
excursión (f)	**uitstappie**	[œitstappi]
mostrar (vt)	**wys**	[vajs]
contar (una historia)	**vertel**	[fertəl]
encontrar (hallar)	**vind**	[fint]
perderse (vr)	**verdwaal**	[ferdwãl]
plano (m) (~ de metro)	**kaart**	[kãrt]
mapa (m) (~ de la ciudad)	**kaart**	[kãrt]
recuerdo (m)	**aandenking**	[ãndenkiŋ]
tienda (f) de regalos	**geskenkwinkel**	[χeskɛnk·vinkəl]
hacer fotos	**fotografeer**	[fotoχrafeər]
fotografiarse (vr)	**jou portret laat maak**	[jæʊ portret lãt mãk]

T&P BOOKS

EL TRANSPORTE

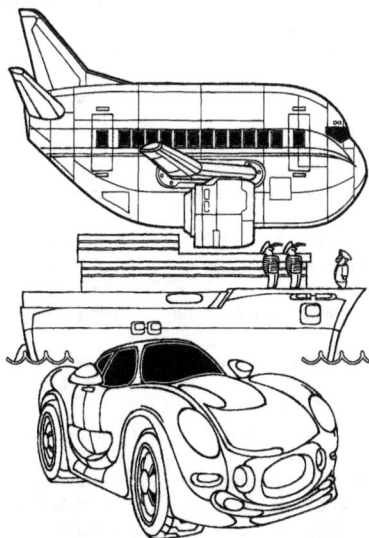

T&P Books Publishing

aeropuerto (m)	**lughawe**	[luχhavə]
avión (m)	**vliegtuig**	[fliχtœiχ]
compañía (f) aérea	**lugredery**	[luχrederaj]
controlador (m) aéreo	**lugverkeersleier**	[luχ·ferkeərs·læjer]
despegue (m)	**vertrek**	[fertrek]
llegada (f)	**aankoms**	[ānkoms]
llegar (en avión)	**aankom**	[ānkom]
hora (f) de salida	**vertrektyd**	[fertrək·tajt]
hora (f) de llegada	**aankomstyd**	[ānkoms·tajt]
retrasarse (vr)	**vertraag wees**	[fertrāχ veəs]
retraso (m) de vuelo	**vlugvertraging**	[fluχ·fertraχiŋ]
pantalla (f) de información	**informasiebord**	[informasi·bort]
información (f)	**informasie**	[informasi]
anunciar (vt)	**aankondig**	[ānkondəχ]
vuelo (m)	**vlug**	[fluχ]
aduana (f)	**doeane**	[duanə]
aduanero (m)	**doeanebeampte**	[duanə·beamptə]
declaración (f) de aduana	**doeaneverklaring**	[duanə·ferklariŋ]
rellenar (vt)	**invul**	[inful]
control (m) de pasaportes	**paspoortkontrole**	[paspoərt·kontrolə]
equipaje (m)	**bagasie**	[baχasi]
equipaje (m) de mano	**handbagasie**	[hand·baχasi]
carrito (m) de equipaje	**bagasiekarretjie**	[baχasi·karrəki]
aterrizaje (m)	**landing**	[landiŋ]
pista (f) de aterrizaje	**landingsbaan**	[landiŋs·bān]
aterrizar (vi)	**land**	[lant]
escaleras (f pl) (de avión)	**vliegtuigtrap**	[fliχtœiχ·trap]
facturación (f) (check-in)	**na die vertrektoonbank**	[na di fertrək·toənbank]
mostrador (m) de facturación	**vertrektoonbank**	[fertrək·toənbank]
hacer el check-in	**na die vertrektoonbank gaan**	[na di fertrək·toənbank χān]
tarjeta (f) de embarque	**instapkaart**	[instap·kārt]
puerta (f) de embarque	**vertrekuitgang**	[fertrek·œitχaŋ]
tránsito (m)	**transito**	[traŋsito]

esperar (aguardar)	wag	[vaχ]
zona (f) de preembarque	vertreksaal	[fertrək·sāl]
despedir (vt)	afsien	[afsin]
despedirse (vr)	afskeid neem	[afskæjt neəm]

24. El avión

avión (m)	vliegtuig	[fliχtœiχ]
billete (m) de avión	lugkaartjie	[luχ·kārki]
compañía (f) aérea	lugredery	[luχrederaj]
aeropuerto (m)	lughawe	[luχhavə]
supersónico (adj)	supersonies	[supersonis]

comandante (m)	kaptein	[kaptæjn]
tripulación (f)	bemanning	[bemanniŋ]
piloto (m)	piloot	[piloət]
azafata (f)	lugwaardin	[luχ·wārdin]
navegador (m)	navigator	[nafiχator]

alas (f pl)	vlerke	[flerkə]
cola (f)	stert	[stert]
cabina (f)	stuurkajuit	[stɪr·kajœit]
motor (m)	enjin	[ɛndʒin]
tren (m) de aterrizaje	landingstel	[landiŋ·stəl]
turbina (f)	turbine	[turbinə]

hélice (f)	skroef	[skruf]
caja (f) negra	swart boks	[swart boks]
timón (m)	stuurstang	[stɪr·staŋ]
combustible (m)	brandstof	[brantstof]
instructivo (m) de seguridad	veiligheidskaart	[fæjliχæjts·kārt]
respirador (m) de oxígeno	suurstofmasker	[sɪrstof·maskər]
uniforme (m)	uniform	[uniform]
chaleco (m) salvavidas	reddingsbaadjie	[rɛddiŋs·bādʒi]
paracaídas (m)	valskerm	[fal·skerm]

despegue (m)	opstyging	[opstajχiŋ]
despegar (vi)	opstyg	[opstajχ]
pista (f) de despegue	landingsbaan	[landiŋs·bān]

visibilidad (f)	uitsig	[œitsəχ]
vuelo (m)	vlug	[fluχ]
altura (f)	hoogte	[hoəχtə]
pozo (m) de aire	lugsak	[luχsak]

asiento (m)	sitplek	[sitplek]
auriculares (m pl)	koptelefoon	[kop·telefoən]
mesita (f) plegable	voutafeltjie	[fæu·tafɛlki]
ventana (f)	vliegtuigvenster	[fliχtœiχ·fɛŋstər]
pasillo (m)	paadjie	[pādʒi]

25. El tren

tren (m)	trein	[træjn]
tren (m) de cercanías	voorstedelike trein	[foərstedelikə træjn]
tren (m) rápido	sneltrein	[snɛl·træjn]
locomotora (f) diésel	diesellokomotief	[disəl·lokomotif]
tren (m) de vapor	stoomlokomotief	[stoəm·lokomotif]
coche (m)	passasierswa	[passasirs·wa]
coche (m) restaurante	eetwa	[eət·wa]
rieles (m pl)	spoorstawe	[spoər·stavə]
ferrocarril (m)	spoorweg	[spoər·weχ]
traviesa (f)	dwarslêer	[dwarslɛər]
plataforma (f)	perron	[perron]
vía (f)	spoor	[spoər]
semáforo (m)	semafoor	[semafoər]
estación (f)	stasie	[stasi]
maquinista (m)	treindrywer	[træjn·drajvər]
maletero (m)	portier	[portir]
mozo (m) del vagón	kondukteur	[konduktøər]
pasajero (m)	passasier	[passasir]
revisor (m)	kondukteur	[konduktøər]
corredor (m)	gang	[χaŋ]
freno (m) de urgencia	noodrem	[noədrem]
compartimiento (m)	kompartiment	[kompartiment]
litera (f)	bed	[bet]
litera (f) de arriba	boonste bed	[boəŋstə bet]
litera (f) de abajo	onderste bed	[ondərstə bet]
ropa (f) de cama	beddegoed	[beddə·χut]
billete (m)	kaartjie	[kārki]
horario (m)	diensrooster	[diŋs·roəstər]
pantalla (f) de información	informasiebord	[informasi·bort]
partir (vi)	vertrek	[fertrek]
partida (f) (del tren)	vertrek	[fertrek]
llegar (tren)	aankom	[ānkom]
llegada (f)	aankoms	[ānkoms]
llegar en tren	aankom per trein	[ānkom pər træjn]
tomar el tren	in die trein klim	[in di træjn klim]
bajar del tren	uit die trein klim	[œit di træjn klim]
descarrilamiento (m)	treinbotsing	[træjn·botsiŋ]
descarrilarse (vr)	ontspoor	[ontspoər]
tren (m) de vapor	stoomlokomotief	[stoəm·lokomotif]

fogonero (m)	stoker	[stokər]
hogar (m)	stookplek	[stoəkplek]
carbón (m)	steenkool	[steən·koəl]

26. El barco

barco, buque (m)	skip	[skip]
navío (m)	vaartuig	[fãrtœiχ]

buque (m) de vapor	stoomboot	[stoəm·boət]
motonave (f)	rivierboot	[rifir·boət]
trasatlántico (m)	toerskip	[tur·skip]
crucero (m)	kruiser	[krœisər]

yate (m)	jag	[jaχ]
remolcador (m)	sleepboot	[sleəp·boət]
barcaza (f)	vragskuit	[fraχ·skœit]
ferry (m)	veerboot	[feər·boət]

velero (m)	seilskip	[sæjl·skip]
bergantín (m)	skoenerbrik	[skunər·brik]

rompehielos (m)	ysbreker	[ajs·brekər]
submarino (m)	duikboot	[dœik·boət]

bote (m) de remo	roeiboot	[ruiboət]
bote (m)	bootjie	[boəki]
bote (m) salvavidas	reddingsboot	[rɛddiŋs·boət]
lancha (f) motora	motorboot	[motor·boət]

capitán (m)	kaptein	[kaptæjn]
marinero (m)	seeman	[seəman]
marino (m)	matroos	[matroəs]
tripulación (f)	bemanning	[bemanniŋ]

contramaestre (m)	bootsman	[boətsman]
grumete (m)	skeepsjonge	[skeəps·joŋə]
cocinero (m) de abordo	kok	[kok]
médico (m) del buque	skeepsdokter	[skeəps·doktər]

cubierta (f)	dek	[dek]
mástil (m)	mas	[mas]
vela (f)	seil	[sæjl]

bodega (f)	skeepsruim	[skeəps·rœim]
proa (f)	boeg	[buχ]
popa (f)	agterstewe	[aχtərstevə]
remo (m)	roeispaan	[ruis·pãn]
hélice (f)	skroef	[skruf]
camarote (m)	kajuit	[kajœit]

sala (f) de oficiales	offisierskajuit	[offisirs·kajœit]
sala (f) de máquinas	enjinkamer	[ɛndʒin·kamər]
puente (m) de mando	brug	[bruχ]
sala (f) de radio	radiokamer	[radio·kamər]
onda (f)	golf	[χolf]
cuaderno (m) de bitácora	logboek	[loχbuk]
anteojo (m)	verkyker	[ferkajkər]
campana (f)	bel	[bəl]
bandera (f)	vlag	[flaχ]
cabo (m) (maroma)	kabel	[kabəl]
nudo (m)	knoop	[knoəp]
pasamano (m)	dekleuning	[dek·løəniŋ]
pasarela (f)	gangplank	[χaŋ·plank]
ancla (f)	anker	[ankər]
levar ancla	anker lig	[ankər ləχ]
echar ancla	anker uitgooi	[ankər œitχoj]
cadena (f) del ancla	ankerketting	[ankər·kɛttiŋ]
puerto (m)	hawe	[havə]
embarcadero (m)	kaai	[kãi]
amarrar (vt)	vasmeer	[fasmeər]
desamarrar (vt)	vertrek	[fertrek]
viaje (m)	reis	[ræjs]
crucero (m) (viaje)	cruise	[kru:s]
derrota (f) (rumbo)	koers	[kurs]
itinerario (m)	roete	[rutə]
canal (m) navegable	vaarwater	[fār·vatər]
bajío (m)	sandbank	[sand·bank]
encallar (vi)	strand	[strant]
tempestad (f)	storm	[storm]
señal (f)	sienjaal	[sinjāl]
hundirse (vr)	sink	[sink]
¡Hombre al agua!	Man oorboord!	[man oərboərd!]
SOS	SOS	[sos]
aro (m) salvavidas	reddingsboei	[rɛddiŋs·bui]

LA CIUDAD

T&P Books Publishing

27. El transporte urbano

autobús (m)	**bus**	[bus]
tranvía (m)	**trem**	[trem]
trolebús (m)	**trembus**	[trembus]
itinerario (m)	**busroete**	[bus·rutə]
número (m)	**nommer**	[nommər]
ir en ...	**ry per ...**	[raj pər ...]
tomar (~ el autobús)	**inklim**	[inklim]
bajar (~ del tren)	**uitklim ...**	[œitklim ...]
parada (f)	**halte**	[haltə]
próxima parada (f)	**volgende halte**	[folχendə haltə]
parada (f) final	**eindpunt**	[æjnd·punt]
horario (m)	**diensrooster**	[diŋs·roəstər]
esperar (aguardar)	**wag**	[vaχ]
billete (m)	**kaartjie**	[kārki]
precio (m) del billete	**reistarief**	[ræjs·tarif]
cajero (m)	**kaartjieverkoper**	[kārki·ferkopər]
control (m) de billetes	**kaartjiekontrole**	[kārki·kontrolə]
revisor (m)	**kontroleur**	[kontroløər]
llegar tarde (vi)	**laat wees**	[lāt veəs]
perder (~ el tren)	**mis**	[mis]
tener prisa	**haastig wees**	[hāstəχ veəs]
taxi (m)	**taxi**	[taksi]
taxista (m)	**taxibestuurder**	[taksi·bestɪrdər]
en taxi	**per taxi**	[pər taksi]
parada (f) de taxi	**taxistaanplek**	[taksi·stānplek]
tráfico (m)	**verkeer**	[ferkeər]
atasco (m)	**verkeersknoop**	[ferkeərs·knoəp]
horas (f pl) de punta	**spitsuur**	[spits·ɪr]
aparcar (vi)	**parkeer**	[parkeər]
aparcar (vt)	**parkeer**	[parkeər]
aparcamiento (m)	**parkeerterrein**	[parkeər·terræjn]
metro (m)	**metro**	[metro]
estación (f)	**stasie**	[stasi]
ir en el metro	**die metro vat**	[di metro fat]
tren (m)	**trein**	[træjn]
estación (f)	**treinstasie**	[træjn·stasi]

28. La ciudad. La vida en la ciudad

ciudad (f)	stad	[stat]
capital (f)	hoofstad	[hoəf·stat]
aldea (f)	dorp	[dorp]

plano (m) de la ciudad	stadskaart	[stats·kãrt]
centro (m) de la ciudad	sentrum	[sentrum]
suburbio (m)	voorstad	[foərstat]
suburbano (adj)	voorstedelik	[foərstedelik]

arrabal (m)	buitewyke	[bœitəvajkə]
afueras (f pl)	omgewing	[omχeviŋ]
barrio (m)	stadswyk	[stats·wajk]
zona (f) de viviendas	woonbuurt	[voənbɪrt]

tráfico (m)	verkeer	[ferkeər]
semáforo (m)	robot	[robot]
transporte (m) urbano	openbare vervoer	[openbarə ferfur]
cruce (m)	kruispunt	[krœis·punt]

paso (m) de peatones	sebraoorgang	[sebra·oərχaŋ]
paso (m) subterráneo	voetgangertonnel	[futχaŋər·tonnəl]
cruzar (vt)	oorsteek	[oərsteək]
peatón (m)	voetganger	[futχaŋər]
acera (f)	sypaadjie	[saj·pãdʒi]

puente (m)	brug	[bruχ]
muelle (m)	wal	[val]
fuente (f)	fontein	[fontæjn]

alameda (f)	laning	[laniŋ]
parque (m)	park	[park]
bulevar (m)	boulevard	[bulefar]
plaza (f)	plein	[plæjn]
avenida (f)	laan	[lãn]
calle (f)	straat	[strãt]
callejón (m)	systraat	[saj·strãt]
callejón (m) sin salida	doodloopstraat	[doədloəp·strãt]

casa (f)	huis	[hœis]
edificio (m)	gebou	[χebæʊ]
rascacielos (m)	wolkekrabber	[volkə·krabbər]

fachada (f)	gewel	[χevəl]
techo (m)	dak	[dak]
ventana (f)	venster	[fɛŋstər]
arco (m)	arkade	[arkadə]
columna (f)	kolom	[kolom]
esquina (f)	hoek	[huk]
escaparate (f)	uitstalraam	[œitstalrãm]

letrero (m) (~ luminoso)	reklamebord	[reklamə·bort]
cartel (m)	plakkaat	[plakkãt]
cartel (m) publicitario	reklameplakkaat	[reklamə·plakkãt]
valla (f) publicitaria	aanplakbord	[ãnplakbort]

basura (f)	vullis	[fullis]
cajón (m) de basura	vullisbak	[fullis·bak]
tirar basura	rommel strooi	[rommǝl stroj]
basurero (m)	vullishoop	[fullis·hoǝp]

cabina (f) telefónica	telefoonhokkie	[telefoǝn·hokki]
farola (f)	lamppaal	[lamp·pãl]
banco (m) (del parque)	bank	[bank]

policía (m)	polisieman	[polisi·man]
policía (f) (~ nacional)	polisie	[polisi]
mendigo (m)	bedelaar	[bedelãr]
persona (f) sin hogar	daklose	[daklosǝ]

29. Las instituciones urbanas

tienda (f)	winkel	[vinkǝl]
farmacia (f)	apteek	[apteǝk]
óptica (f)	optisiën	[optisiɛn]
centro (m) comercial	winkelsentrum	[vinkǝl·sentrum]
supermercado (m)	supermark	[supermark]

panadería (f)	bakkery	[bakkeraj]
panadero (m)	bakker	[bakkǝr]
pastelería (f)	banketbakkery	[banket·bakkeraj]
tienda (f) de comestibles	kruidenierswinkel	[krœidenirs·vinkǝl]
carnicería (f)	slagter	[slaχtǝr]

| verdulería (f) | groentewinkel | [χruntǝ·vinkǝl] |
| mercado (m) | mark | [mark] |

cafetería (f)	koffiekroeg	[koffi·kruχ]
restaurante (m)	restaurant	[restǝurant]
cervecería (f)	kroeg	[kruχ]
pizzería (f)	pizzeria	[pizzeria]

peluquería (f)	haarsalon	[hãr·salon]
oficina (f) de correos	poskantoor	[pos·kantoǝr]
tintorería (f)	droogskoonmakers	[droǝχ·skoǝn·makers]
estudio (m) fotográfico	fotostudio	[foto·studio]

zapatería (f)	skoenwinkel	[skun·vinkǝl]
librería (f)	boekhandel	[buk·handǝl]
tienda (f) deportiva	sportwinkel	[sport·vinkǝl]
arreglos (m pl) de ropa	klereherstelwinkel	[klerǝ·herstǝl·vinkǝl]

| alquiler (m) de ropa | klereverhuurwinkel | [klerə·ferhɪr·vinkəl] |
| videoclub (m) | videowinkel | [video·vinkəl] |

circo (m)	sirkus	[sirkus]
zoológico (m)	dieretuin	[dirə·tœin]
cine (m)	bioskoop	[bioskoəp]
museo (m)	museum	[musøəm]
biblioteca (f)	biblioteek	[biblioteək]

teatro (m)	teater	[teatər]
ópera (f)	opera	[opera]
club (m) nocturno	nagklub	[naχ·klup]
casino (m)	kasino	[kasino]

mezquita (f)	moskee	[moskeə]
sinagoga (f)	sinagoge	[sinaχoχə]
catedral (f)	katedraal	[katedrãl]
templo (m)	tempel	[tempəl]
iglesia (f)	kerk	[kerk]

instituto (m)	kollege	[kolledʒ]
universidad (f)	universiteit	[unifersitæjt]
escuela (f)	skool	[skoəl]

prefectura (f)	stadhuis	[stat·hœis]
alcaldía (f)	stadhuis	[stat·hœis]
hotel (m)	hotel	[hotəl]
banco (m)	bank	[bank]

embajada (f)	ambassade	[ambassadə]
agencia (f) de viajes	reisagentskap	[ræjs·aχentskap]
oficina (f) de información	inligtingskantoor	[inliχtiŋs·kantoər]
oficina (f) de cambio	wisselkantoor	[vissəl·kantoər]

| metro (m) | metro | [metro] |
| hospital (m) | hospitaal | [hospitãl] |

| gasolinera (f) | petrolstasie | [petrol·stasi] |
| aparcamiento (m) | parkeerterrein | [parkeər·terræjn] |

30. Los avisos

letrero (m) (~ luminoso)	reklamebord	[reklamə·bort]
cartel (m) (texto escrito)	kennisgewing	[kɛnnis·χeviŋ]
pancarta (f)	plakkaat	[plakkãt]
señal (m) de dirección	rigtingwyser	[riχtiŋ·wajsər]
flecha (f) (signo)	pyl	[pajl]

| advertencia (f) | waarskuwing | [vãrskuviŋ] |
| aviso (m) | waarskuwingsbord | [vãrskuviŋs·bort] |

advertir (vt)	**waarsku**	[vãrsku]
día (m) de descanso	**rusdag**	[rusdaχ]
horario (m)	**diensrooster**	[diŋs·roəstər]
horario (m) de apertura	**besigheidsure**	[besiχæjts·urə]
¡BIENVENIDOS!	**WELKOM!**	[vɛlkom!]
ENTRADA	**INGANG**	[inχaŋ]
SALIDA	**UITGANG**	[œitχaŋ]
EMPUJAR	**STOOT**	[stoət]
TIRAR	**TREK**	[trek]
ABIERTO	**OOP**	[oəp]
CERRADO	**GESLUIT**	[χeslœit]
MUJERES	**DAMES**	[dames]
HOMBRES	**MANS**	[maŋs]
REBAJAS	**AFSLAG**	[afslaχ]
SALDOS	**UITVERKOPING**	[œitferkopiŋ]
NOVEDAD	**NUUT!**	[nɪt!]
GRATIS	**GRATIS**	[χratis]
¡ATENCIÓN!	**PAS OP!**	[pas op!]
COMPLETO	**VOLBESPREEK**	[folbespreək]
RESERVADO	**BESPREEK**	[bespreək]
ADMINISTRACIÓN	**ADMINISTRASIE**	[administrasi]
SÓLO PERSONAL AUTORIZADO	**SLEGS PERSONEEL**	[sleχs personeəl]
CUIDADO CON EL PERRO	**PAS OP VIR DIE HOND!**	[pas op fir di hont!]
PROHIBIDO FUMAR	**ROOK VERBODE**	[roək ferbodə]
NO TOCAR	**NIE AANRAAK NIE!**	[ni ānrāk ni!]
PELIGROSO	**GEVAARLIK**	[χefārlik]
PELIGRO	**GEVAAR**	[χefār]
ALTA TENSIÓN	**HOOGSPANNING**	[hoəχ·spanniŋ]
PROHIBIDO BAÑARSE	**NIE SWEM NIE**	[ni swem ni]
NO FUNCIONA	**BUITE WERKING**	[bœitə verkiŋ]
INFLAMABLE	**ONTVLAMBAAR**	[ontflambār]
PROHIBIDO	**VERBODE**	[ferbodə]
PROHIBIDO EL PASO	**TOEGANG VERBODE!**	[tuχaŋ ferbode!]
RECIÉN PINTADO	**NAT VERF**	[nat ferf]

31. Las compras

comprar (vt)	**koop**	[koəp]
compra (f)	**aankoop**	[ānkoəp]

| hacer compras | inkopies doen | [inkopis dun] |
| compras (f pl) | inkoop | [inkoəp] |

| estar abierto (tienda) | oop wees | [oəp veəs] |
| estar cerrado | toe wees | [tu veəs] |

calzado (m)	skoeisel	[skuisəl]
ropa (f)	klere	[klerə]
cosméticos (m pl)	kosmetika	[kosmetika]
productos alimenticios	voedingsware	[fudiŋs·warə]
regalo (m)	present	[present]

| vendedor (m) | verkoper | [ferkopər] |
| vendedora (f) | verkoopsdame | [ferkoəps·damə] |

caja (f)	kassier	[kassir]
espejo (m)	spieël	[spiɛl]
mostrador (m)	toonbank	[toən·bank]
probador (m)	paskamer	[pas·kamər]

probar (un vestido)	aanpas	[ānpas]
quedar (una ropa, etc.)	pas	[pas]
gustar (vi)	hou van	[hæʊ fan]

precio (m)	prys	[prajs]
etiqueta (f) de precio	pryskaartjie	[prajs·kārki]
costar (vt)	kos	[kos]
¿Cuánto?	Hoeveel?	[hufeəl?]
descuento (m)	afslag	[afslaχ]

no costoso (adj)	billik	[billik]
barato (adj)	goedkoop	[χudkoəp]
caro (adj)	duur	[dɪr]
Es caro	dis duur	[dis dɪr]

alquiler (m)	verhuur	[ferhɪr]
alquilar (vt)	verhuur	[ferhɪr]
crédito (m)	krediet	[kredit]
a crédito (adv)	op krediet	[op kredit]

T&P BOOKS

LA ROPA Y LOS ACCESORIOS

T&P Books Publishing

32. La ropa exterior. Los abrigos

ropa (f)	klere	[klerə]
ropa (f) de calle	oorklere	[oərklerə]
ropa (f) de invierno	winterklere	[vintər·klerə]
abrigo (m)	jas	[jas]
abrigo (m) de piel	pelsjas	[pelʃas]
abrigo (m) corto de piel	kort pelsjas	[kort pelʃas]
chaqueta (f) plumón	donsjas	[donʃas]
cazadora (f)	baadjie	[bādʒi]
impermeable (m)	reënjas	[reɛnjas]
impermeable (adj)	waterdig	[vatərdəχ]

33. Ropa de hombre y mujer

camisa (f)	hemp	[hemp]
pantalones (m pl)	broek	[bruk]
jeans, vaqueros (m pl)	denimbroek	[denim·bruk]
chaqueta (f), saco (m)	baadjie	[bādʒi]
traje (m)	pak	[pak]
vestido (m)	rok	[rok]
falda (f)	romp	[romp]
blusa (f)	bloes	[blus]
rebeca (f), chaqueta (f) de punto	gebreide baadjie	[χebræjdə bādʒi]
chaqueta (f)	baadjie	[bādʒi]
camiseta (f) (T-shirt)	T-hemp	[te-hemp]
pantalones (m pl) cortos	kortbroek	[kort·bruk]
traje (m) deportivo	sweetpak	[sweət·pak]
bata (f) de baño	badjas	[batjas]
pijama (m)	pajama	[pajama]
suéter (m)	trui	[trœi]
pulóver (m)	trui	[trœi]
chaleco (m)	onderbaadjie	[ondər·bādʒi]
frac (m)	swaelstertbaadjie	[swaɛlstert·bādʒi]
esmoquin (m)	aandpak	[āntpak]
uniforme (m)	uniform	[uniform]
ropa (f) de trabajo	werksklere	[verks·klerə]

mono (m)	oorpak	[oərpak]
bata (f) (p. ej. ~ blanca)	jas	[jas]

34. La ropa. La ropa interior

ropa (f) interior	onderklere	[ondərklerə]
bóxer (m)	onderbroek	[ondərbruk]
bragas (f pl)	onderbroek	[ondərbruk]
camiseta (f) interior	frokkie	[frokki]
calcetines (m pl)	sokkies	[sokkis]

camisón (m)	nagrok	[naχrok]
sostén (m)	bra	[bra]
calcetines (m pl) altos	kniekouse	[kni·kæυsə]
pantimedias (f pl)	kousbroek	[kæυsbruk]
medias (f pl)	kouse	[kæυsə]
traje (m) de baño	baaikostuum	[bāj·kostɪm]

35. Gorras

gorro (m)	hoed	[hut]
sombrero (m) de fieltro	hoed	[hut]
gorra (f) de béisbol	bofbalpet	[bofbal·pet]
gorra (f) plana	pet	[pet]

boina (f)	mus	[mus]
capuchón (m)	kap	[kap]
panamá (m)	panamahoed	[panama·hut]
gorro (m) de punto	gebreide mus	[χebræjdə mus]

pañuelo (m)	kopdoek	[kopduk]
sombrero (m) de mujer	dameshoed	[dames·hut]

casco (m) (~ protector)	veiligheidshelm	[fæjliχæjts·hɛlm]
gorro (m) de campaña	mus	[mus]
casco (m) (~ de moto)	helmet	[hɛlmet]

bombín (m)	bolhoed	[bolhut]
sombrero (m) de copa	hoëhoed	[hoɛhut]

36. El calzado

calzado (m)	skoeisel	[skuisəl]
botas (f pl)	mansskoene	[maŋs·skunə]
zapatos (m pl) (~ de tacón bajo)	damesskoene	[dames·skunə]

botas (f pl) altas	**laarse**	[lãrsə]
zapatillas (f pl)	**pantoffels**	[pantoffəls]
tenis (m pl)	**tennisskoene**	[tɛnnis·skunə]
zapatillas (f pl) de lona	**tekkies**	[tɛkkis]
sandalias (f pl)	**sandale**	[sandalə]
zapatero (m)	**skoenmaker**	[skun·makər]
tacón (m)	**hak**	[hak]
par (m)	**paar**	[pãr]
cordón (m)	**skoenveter**	[skun·fetər]
encordonar (vt)	**ryg**	[rajχ]
calzador (m)	**skoenlepel**	[skun·lepəl]
betún (m)	**skoenpolitoer**	[skun·politur]

37. Accesorios personales

guantes (m pl)	**handskoene**	[handskunə]
manoplas (f pl)	**duimhandskoene**	[dœim·handskunə]
bufanda (f)	**serp**	[serp]
gafas (f pl)	**bril**	[bril]
montura (f)	**raam**	[rãm]
paraguas (m)	**sambreel**	[sambreəl]
bastón (m)	**wandelstok**	[vandəl·stok]
cepillo (m) de pelo	**haarborsel**	[hãr·borsəl]
abanico (m)	**waaier**	[vãjer]
corbata (f)	**das**	[das]
pajarita (f)	**strikkie**	[strikki]
tirantes (m pl)	**kruisbande**	[krœis·bandə]
moquero (m)	**sakdoek**	[sakduk]
peine (m)	**kam**	[kam]
pasador (m) de pelo	**haarspeld**	[hãrs·pɛlt]
horquilla (f)	**haarpen**	[hãr·pen]
hebilla (f)	**gespe**	[χespə]
cinturón (m)	**belt**	[bɛlt]
correa (f) (de bolso)	**skouerband**	[skæʋer·bant]
bolsa (f)	**handsak**	[hand·sak]
bolso (m)	**beursie**	[bøərsi]
mochila (f)	**rugsak**	[ruχsak]

38. La ropa. Miscelánea

moda (f)	**mode**	[modə]
de moda (adj)	**in die mode**	[in di modə]

diseñador (m) de moda	modeontwerper	[modə·ontwerpər]
cuello (m)	kraag	[krãχ]
bolsillo (m)	sak	[sak]
de bolsillo (adj)	sak-	[sak-]
manga (f)	mou	[mæʊ]
presilla (f)	lussie	[lussi]
bragueta (f)	gulp	[χulp]

cremallera (f)	ritssluiter	[rits·slœitər]
cierre (m)	vasmaker	[fasmakər]
botón (m)	knoop	[knoəp]
ojal (m)	knoopsgat	[knoəps·χat]
saltar (un botón)	loskom	[loskom]

coser (vi, vt)	naai	[nãi]
bordar (vt)	borduur	[bordɪr]
bordado (m)	borduurwerk	[bordɪr·werk]
aguja (f)	naald	[nãlt]
hilo (m)	garing	[χariŋ]
costura (f)	soom	[soəm]

ensuciarse (vr)	vuil word	[fœil vort]
mancha (f)	vlek	[flek]
arrugarse (vr)	kreukel	[krøəkəl]
rasgar (vt)	skeur	[skøər]
polilla (f)	mot	[mot]

39. Productos personales. Cosméticos

pasta (f) de dientes	tandepasta	[tandə·pasta]
cepillo (m) de dientes	tandeborsel	[tandə·borsəl]
limpiarse los dientes	tande borsel	[tandə borsəl]

maquinilla (f) de afeitar	skeermes	[skeər·mes]
crema (f) de afeitar	skeerroom	[skeər·roəm]
afeitarse (vr)	skeer	[skeər]

| jabón (m) | seep | [seəp] |
| champú (m) | sjampoe | [ʃampu] |

tijeras (f pl)	skêr	[skær]
lima (f) de uñas	naelvyl	[naɛl·fajl]
cortaúñas (m pl)	naelknipper	[naɛl·knippər]
pinzas (f pl)	haartangetjie	[hãrtaŋəki]

cosméticos (m pl)	kosmetika	[kosmetika]
mascarilla (f)	gesigmasker	[χesiχ·maskər]
manicura (f)	manikuur	[manikɪr]
hacer la manicura	laat manikuur	[lãt manikɪr]
pedicura (f)	voetbehandeling	[fut·behandeliŋ]

bolsa (f) de maquillaje	**kosmetika tassie**	[kosmetika tassi]
polvos (m pl)	**gesigpoeier**	[χesiχ·pujer]
polvera (f)	**poeierdosie**	[pujer·dosi]
colorete (m), rubor (m)	**blosser**	[blossər]
perfume (m)	**parfuum**	[parfɪm]
agua (f) de tocador	**reukwater**	[røək·vatər]
loción (f)	**vloeiroom**	[flui·roəm]
agua (f) de Colonia	**reukwater**	[røək·vatər]
sombra (f) de ojos	**oogskadu**	[oəχ·skadu]
lápiz (m) de ojos	**oogomlyner**	[oəχ·omlajnər]
rímel (m)	**maskara**	[maskara]
pintalabios (m)	**lipstiffie**	[lip·stiffi]
esmalte (m) de uñas	**naellak**	[naɛl·lak]
fijador (m) para el pelo	**haarsproei**	[hārs·prui]
desodorante (m)	**reukweermiddel**	[røək·veərmiddəl]
crema (f)	**room**	[roəm]
crema (f) de belleza	**gesigroom**	[χesiχ·roəm]
crema (f) de manos	**handroom**	[hand·roəm]
crema (f) antiarrugas	**antirimpelroom**	[antirimpəl·roəm]
crema (f) de día	**dagroom**	[daχ·roəm]
crema (f) de noche	**nagroom**	[naχ·roəm]
de día (adj)	**dag-**	[daχ-]
de noche (adj)	**nag-**	[naχ-]
tampón (m)	**tampon**	[tampon]
papel (m) higiénico	**toiletpapier**	[tojlet·papir]
secador (m) de pelo	**haardroër**	[hār·droɛr]

40. Los relojes

reloj (m)	**polshorlosie**	[pols·horlosi]
esfera (f)	**wyserplaat**	[vajsər·plāt]
aguja (f)	**wyster**	[vajstər]
pulsera (f)	**metaal horlosiebandjie**	[metāl horlosi·bandʒi]
correa (f) (del reloj)	**horlosiebandjie**	[horlosi·bandʒi]
pila (f)	**battery**	[battəraj]
descargarse (vr)	**pap wees**	[pap veəs]
adelantarse (vr)	**voorloop**	[foərloəp]
retrasarse (vr)	**agterloop**	[aχtərloəp]
reloj (m) de pared	**muurhorlosie**	[mɪr·horlosi]
reloj (m) de arena	**uurglas**	[ɪr·χlas]
reloj (m) de sol	**sonwyser**	[son·wajsər]
despertador (m)	**wekker**	[vɛkkər]
relojero (m)	**horlosiemaker**	[horlosi·makər]
reparar (vt)	**herstel**	[herstəl]

T&P BOOKS

LA EXPERIENCIA DIARIA

T&P Books Publishing

41. El dinero

dinero (m)	geld	[χɛlt]
cambio (m)	valutaruil	[faluta·rœil]
curso (m)	wisselkoers	[vissəl·kurs]
cajero (m) automático	OTM	[o·te·em]
moneda (f)	muntstuk	[muntstuk]
dólar (m)	dollar	[dollar]
euro (m)	euro	[øəro]
lira (f)	lira	[lira]
marco (m) alemán	Duitse mark	[dœitsə mark]
franco (m)	frank	[frank]
libra esterlina (f)	pond sterling	[pont sterliŋ]
yen (m)	yen	[jɛn]
deuda (f)	skuld	[skult]
deudor (m)	skuldenaar	[skuldenãr]
prestar (vt)	uitleen	[œitleən]
tomar prestado	leen	[leən]
banco (m)	bank	[bank]
cuenta (f)	rekening	[rekəniŋ]
ingresar (~ en la cuenta)	deponeer	[deponeər]
sacar de la cuenta	trek	[trek]
tarjeta (f) de crédito	kredietkaart	[kredit·kãrt]
dinero (m) en efectivo	kontant	[kontant]
cheque (m)	tjek	[tʃek]
talonario (m)	tjekboek	[tʃek·buk]
cartera (f)	beursie	[bøərsi]
monedero (m)	muntstukbeursie	[muntstuk·bøərsi]
caja (f) fuerte	brandkas	[brant·kas]
heredero (m)	erfgenaam	[ɛrfχənãm]
herencia (f)	erfenis	[ɛrfenis]
fortuna (f)	fortuin	[fortœin]
arriendo (m)	huur	[hɪr]
alquiler (m) (dinero)	huur	[hɪr]
alquilar (~ una casa)	huur	[hɪr]
precio (m)	prys	[prajs]
coste (m)	prys	[prajs]

suma (f)	som	[som]
gastar (vt)	spandeer	[spandeər]
gastos (m pl)	onkoste	[onkostə]
economizar (vi, vt)	besuinig	[besœinəχ]
económico (adj)	ekonomies	[ɛkonomis]

pagar (vi, vt)	betaal	[betãl]
pago (m)	betaling	[betaliŋ]
cambio (m) (devolver el ~)	wisselgeld	[vissəl·χɛlt]

impuesto (m)	belasting	[belastiŋ]
multa (f)	boete	[butə]
multar (vt)	beboet	[bebut]

42. La oficina de correos

oficina (f) de correos	poskantoor	[pos·kantoər]
correo (m) (cartas, etc.)	pos	[pos]
cartero (m)	posbode	[pos·bodə]
horario (m) de apertura	besigheidsure	[besiχæjts·urə]

carta (f)	brief	[brif]
carta (f) certificada	geregistreerde brief	[χereχistreərdə brif]
tarjeta (f) postal	poskaart	[pos·kãrt]
telegrama (m)	telegram	[teleχram]

paquete (m) postal	pakkie	[pakki]
giro (m) postal	geldoorplasing	[χɛld·oərplasiŋ]

recibir (vt)	ontvang	[ontfaŋ]
enviar (vt)	stuur	[stɪr]
envío (m)	versending	[fersendiŋ]

dirección (f)	adres	[adrəs]
código (m) postal	poskode	[pos·kodə]

expedidor (m)	sender	[sendər]
destinatario (m)	ontvanger	[ontfaŋər]

nombre (m)	voornaam	[foərnãm]
apellido (m)	van	[fan]

tarifa (f)	postarief	[pos·tarif]
ordinario (adj)	standaard	[standãrt]
económico (adj)	ekonomies	[ɛkonomis]

peso (m)	gewig	[χevəχ]
pesar (~ una carta)	weeg	[veəχ]
sobre (m)	koevert	[kufert]
sello (m)	posseël	[pos·seɛl]

43. La banca

| banco (m) | bank | [bank] |
| sucursal (f) | tak | [tak] |

| consultor (m) | bankklerk | [bank·klerk] |
| gerente (m) | bestuurder | [bestɪrdər] |

cuenta (f)	bankrekening	[bank·rekəniŋ]
numero (m) de la cuenta	rekeningnommer	[rekəniŋ·nommər]
cuenta (f) corriente	tjekrekening	[tʃek·rekəniŋ]
cuenta (f) de ahorros	spaarrekening	[spār·rekəniŋ]

| cerrar la cuenta | die rekening sluit | [di rekəniŋ slœit] |
| sacar de la cuenta | trek | [trek] |

depósito (m)	deposito	[deposito]
giro (m) bancario	telegrafiese oorplasing	[teleχrafisə oərplasiŋ]
hacer un giro	oorplaas	[oərplās]

| suma (f) | som | [som] |
| ¿Cuánto? | Hoeveel? | [hufeəl?] |

| firma (f) (nombre) | handtekening | [hand·tekəniŋ] |
| firmar (vt) | onderteken | [ondərtekən] |

tarjeta (f) de crédito	kredietkaart	[kredit·kārt]
código (m)	kode	[kodə]
número (m) de tarjeta de crédito	kredietkaartnommer	[kredit·kārt·nommər]

| cajero (m) automático | OTM | [o·te·em] |

| cheque (m) | tjek | [tʃek] |
| talonario (m) | tjekboek | [tʃek·buk] |

| crédito (m) | lening | [leniŋ] |
| garantía (f) | waarborg | [vārborχ] |

44. El teléfono. Las conversaciones telefónicas

teléfono (m)	telefoon	[telefoən]
teléfono (m) móvil	selfoon	[sɛlfoən]
contestador (m)	antwoordmasjien	[antwoərt·maʃin]

| llamar, telefonear | bel | [bəl] |
| llamada (f) | oproep | [oprup] |

| ¿Sí?, ¿Dígame? | Hallo! | [hallo!] |
| preguntar (vt) | vra | [fra] |

responder (vi, vt)	antwoord	[antwoərt]
oír (vt)	hoor	[hoər]
bien (adv)	goed	[χut]
mal (adv)	nie goed nie	[ni χut ni]
ruidos (m pl)	steurings	[støəriŋs]

auricular (m)	gehoorstuk	[χehoərstuk]
descolgar (el teléfono)	optel	[optəl]
colgar el auricular	afskakel	[afskakəl]
ocupado (adj)	besig	[besəχ]
sonar (teléfono)	lui	[lœi]
guía (f) de teléfonos	telefoongids	[telefoən·χids]

local (adj)	lokale	[lokalə]
llamada (f) local	lokale oproep	[lokalə oprup]
de larga distancia	langafstand	[lanχ·afstant]
llamada (f) de larga distancia	langafstand oproep	[lanχ·afstant oprup]
internacional (adj)	internasionale	[internaʃionalə]
llamada (f) internacional	internasionale oproep	[internaʃionalə oprup]

45. El teléfono celular

teléfono (m) móvil	selfoon	[sɛlfoən]
pantalla (f)	skerm	[skerm]
botón (m)	knoppie	[knoppi]
tarjeta SIM (f)	SIMkaart	[sim·kãrt]

pila (f)	battery	[battəraj]
descargarse (vr)	pap wees	[pap veəs]
cargador (m)	batterylaaier	[battəraj·lajer]

menú (m)	spyskaart	[spajs·kãrt]
preferencias (f pl)	instellings	[instɛlliŋs]
melodía (f)	wysie	[vajsi]
seleccionar (vt)	kies	[kis]

calculadora (f)	sakrekenaar	[sakrekənãr]
contestador (m)	stempos	[stem·pos]
despertador (m)	wekker	[vɛkkər]
contactos (m pl)	kontakte	[kontaktə]
mensaje (m) de texto	SMS	[es·em·es]
abonado (m)	intekenaar	[intekənãr]

46. Los artículos de escritorio. La papelería

| bolígrafo (m) | bolpen | [bol·pen] |
| pluma (f) estilográfica | vulpen | [ful·pen] |

127

lápiz (m)	potlood	[potlaət]
marcador (m)	merkpen	[merk·pen]
rotulador (m)	viltpen	[filt·pen]

bloc (m) de notas	notaboekie	[nota·buki]
agenda (f)	dagboek	[daχ·buk]

regla (f)	liniaal	[liniãl]
calculadora (f)	sakrekenaar	[sakrekənãr]
goma (f) de borrar	uitveër	[œitfeɛr]
chincheta (f)	duimspyker	[dœim·spajkər]
clip (m)	skuifspeld	[skœif·spɛlt]

cola (f), pegamento (m)	gom	[χom]
grapadora (f)	krammasjien	[kram·maʃin]
perforador (m)	ponsmasjien	[poŋs·maʃin]
sacapuntas (m)	skerpmaker	[skerp·makər]

47. Los idiomas extranjeros

lengua (f)	taal	[tãl]
extranjero (adj)	vreemd	[freəmt]
lengua (f) extranjera	vreemde taal	[freəmdə tãl]
estudiar (vt)	studeer	[studeər]
aprender (ingles, etc.)	leer	[leər]

leer (vi, vt)	lees	[leəs]
hablar (vi, vt)	praat	[prãt]
comprender (vt)	verstaan	[ferstãn]
escribir (vt)	skryf	[skrajf]

rápidamente (adv)	vinnig	[finnəχ]
lentamente (adv)	stadig	[stadəχ]
con fluidez (adv)	vlot	[flot]

reglas (f pl)	reëls	[reɛls]
gramática (f)	grammatika	[χrammatika]
vocabulario (m)	woordeskat	[voərdeskat]
fonética (f)	fonetika	[fonetika]

manual (m)	handboek	[hand·buk]
diccionario (m)	woordeboek	[voərdə·buk]
manual (m) autodidáctico	selfstudie boek	[sɛlfstudi buk]
guía (f) de conversación	taalgids	[tãl·χids]

casete (m)	kasset	[kasset]
videocasete (f)	videoband	[video·bant]
disco compacto, CD (m)	CD	[se·de]
DVD (m)	DVD	[de·fe·de]
alfabeto (m)	alfabet	[alfabet]

deletrear (vt)	spel	[spel]
pronunciación (f)	uitspraak	[œitsprāk]
acento (m)	aksent	[aksent]

palabra (f)	woord	[voərt]
significado (m)	betekenis	[betekənis]

cursos (m pl)	kursus	[kursus]
inscribirse (vr)	inskryf	[inskrajf]
profesor (m) (~ de inglés)	onderwyser	[ondərwajsər]

traducción (f) (proceso)	vertaling	[fertaliŋ]
traducción (f) (texto)	vertaling	[fertaliŋ]
traductor (m)	vertaler	[fertalər]
intérprete (m)	tolk	[tolk]

políglota (m)	poliglot	[poliχlot]
memoria (f)	geheue	[χəhøə]

LAS COMIDAS. EL RESTAURANTE

T&P Books Publishing

48. Los cubiertos

cuchara (f)	lepel	[lepəl]
cuchillo (m)	mes	[mes]
tenedor (m)	vurk	[furk]

taza (f)	koppie	[koppi]
plato (m)	bord	[bort]
platillo (m)	piering	[piriŋ]
servilleta (f)	servet	[serfət]
mondadientes (m)	tandestokkie	[tandə·stokki]

49. El restaurante

restaurante (m)	restaurant	[restɔurant]
cafetería (f)	koffiekroeg	[koffi·kruχ]
bar (m)	kroeg	[kruχ]
salón (m) de té	teekamer	[teə·kamər]

camarero (m)	kelner	[kɛlnər]
camarera (f)	kelnerin	[kɛlnərin]
barman (m)	kroegman	[kruχman]
carta (f), menú (m)	spyskaart	[spajs·kārt]
carta (f) de vinos	wyn	[vajn]
reservar una mesa	wynkaart	[vajn·kārt]

plato (m)	gereg	[χerəχ]
pedir (vt)	bestel	[bestəl]
hacer un pedido	bestel	[bestəl]
aperitivo (m)	drankie	[dranki]
entremés (m)	voorgereg	[foərχerəχ]
postre (m)	nagereg	[naχerəχ]

cuenta (f)	rekening	[rekəniŋ]
pagar la cuenta	die rekening betaal	[di rekəniŋ betāl]
dar la vuelta	kleingeld gee	[klæjn·χɛlt χeə]
propina (f)	fooitjie	[fojki]

50. Las comidas

comida (f)	kos	[kos]
comer (vi, vt)	eet	[eət]

desayuno (m)	ontbyt	[ontbajt]
desayunar (vi)	ontbyt	[ontbajt]
almuerzo (m)	middagete	[middaχ·etə]
almorzar (vi)	gaan eet	[χān eət]
cena (f)	aandete	[āndetə]
cenar (vi)	aandete gebruik	[āndetə χebrœik]

apetito (m)	aptyt	[aptajt]
¡Que aproveche!	Smaaklike ete!	[smāklikə etə!]

abrir (vt)	oopmaak	[oəpmāk]
derramar (líquido)	mors	[mors]
derramarse (líquido)	mors	[mors]

hervir (vi)	kook	[koək]
hervir (vt)	kook	[koək]
hervido (agua ~a)	gekook	[χekoək]
enfriar (vt)	laat afkoel	[lāt afkul]
enfriarse (vr)	afkoel	[afkul]

sabor (m)	smaak	[smāk]
regusto (m)	nasmaak	[nasmāk]

adelgazar (vi)	vermaer	[fermaər]
dieta (f)	dieet	[diət]
vitamina (f)	vitamien	[fitamin]
caloría (f)	kalorie	[kalori]
vegetariano (m)	vegetariër	[feχetariɛr]
vegetariano (adj)	vegetaries	[feχetaris]

grasas (f pl)	vette	[fɛttə]
proteínas (f pl)	proteïen	[proteïen]
carbohidratos (m pl)	koolhidrate	[koəlhidratə]

loncha (f)	snytjie	[snajki]
pedazo (m)	stuk	[stuk]
miga (f)	krummel	[krumməl]

51. Los platos

plato (m)	gereg	[χerəχ]
cocina (f)	kookkuns	[koək·kuns]
receta (f)	resep	[resep]
porción (f)	porsie	[porsi]

ensalada (f)	slaai	[slāi]
sopa (f)	sop	[sop]

caldo (m)	helder sop	[hɛldər sop]
bocadillo (m)	toebroodjie	[tubroədʒi]

huevos (m pl) fritos	gabakte eiers	[xabaktə æjers]
hamburguesa (f)	hamburger	[hamburxər]
bistec (m)	biefstuk	[bifstuk]

guarnición (f)	sygereg	[saj·xerəx]
espagueti (m)	spaghetti	[spaxɛtti]
puré (m) de patatas	kapokaartappels	[kapok·ārtappəls]
pizza (f)	pizza	[pizza]
gachas (f pl)	pap	[pap]
tortilla (f) francesa	omelet	[omələt]

cocido en agua (adj)	gekook	[xekoək]
ahumado (adj)	gerook	[xeroək]
frito (adj)	gebak	[xebak]
seco (adj)	gedroog	[xedroəx]
congelado (adj)	gevries	[xefris]
marinado (adj)	gepiekel	[xepikəl]

azucarado, dulce (adj)	soet	[sut]
salado (adj)	sout	[sæʊt]
frío (adj)	koud	[kæʊt]
caliente (adj)	warm	[varm]
amargo (adj)	bitter	[bittər]
sabroso (adj)	smaaklik	[smāklik]

cocer en agua	kook in water	[koək in vatər]
preparar (la cena)	kook	[koək]
freír (vt)	braai	[braj]
calentar (vt)	opwarm	[opwarm]

salar (vt)	sout	[sæʊt]
poner pimienta	peper	[pepər]
rallar (vt)	rasp	[rasp]
piel (f)	skil	[skil]
pelar (vt)	skil	[skil]

52. La comida

carne (f)	vleis	[flæjs]
gallina (f)	hoender	[hundər]
pollo (m)	braaikuiken	[brāj·kœiken]
pato (m)	eend	[eent]
ganso (m)	gans	[xaŋs]
caza (f) menor	wild	[vilt]
pava (f)	kalkoen	[kalkun]

carne (f) de cerdo	varkvleis	[fark·flæjs]
carne (f) de ternera	kalfsvleis	[kalfs·flæjs]
carne (f) de carnero	lamsvleis	[lams·flæjs]
carne (f) de vaca	beesvleis	[beəs·flæjs]

conejo (m)	konynvleis	[konajn·flæjs]
salchichón (m)	wors	[vors]
salchicha (f)	Weense worsie	[veɛŋsə vorsi]
beicon (m)	spek	[spek]
jamón (m)	ham	[ham]
jamón (m) fresco	gerookte ham	[ɣeroəktə ham]

paté (m)	patee	[pateə]
hígado (m)	lewer	[levər]
carne (f) picada	maalvleis	[māl·flæjs]
lengua (f)	tong	[toŋ]

huevo (m)	eier	[æjer]
huevos (m pl)	eiers	[æjers]
clara (f)	eierwit	[æjer·wit]
yema (f)	dooier	[dojer]

pescado (m)	vis	[fis]
mariscos (m pl)	seekos	[seə·kos]
crustáceos (m pl)	skaaldiere	[skāldirə]
caviar (m)	kaviaar	[kafiār]

cangrejo (m) de mar	krab	[krap]
camarón (m)	garnaal	[ɣarnāl]
ostra (f)	oester	[ustər]
langosta (f)	seekreef	[seə·kreəf]
pulpo (m)	seekat	[seə·kat]
calamar (m)	pylinkvis	[pajl·inkfis]

esturión (m)	steur	[støər]
salmón (m)	salm	[salm]
fletán (m)	heilbot	[hæjlbot]

bacalao (m)	kabeljou	[kabeljæʊ]
caballa (f)	makriel	[makril]
atún (m)	tuna	[tuna]
anguila (f)	paling	[paliŋ]

trucha (f)	forel	[forəl]
sardina (f)	sardyn	[sardajn]
lucio (m)	varswatersnoek	[farswatər·snuk]
arenque (m)	haring	[hariŋ]

pan (m)	brood	[broət]
queso (m)	kaas	[kās]
azúcar (m)	suiker	[sœikər]
sal (f)	sout	[sæʊt]

arroz (m)	rys	[rajs]
macarrones (m pl)	pasta	[pasta]
tallarines (m pl)	noedels	[nudɛls]
mantequilla (f)	botter	[bottər]

aceite (m) vegetal	plantaardige olie	[plantãrdiχə oli]
aceite (m) de girasol	sonblomolie	[sonblom·oli]
margarina (f)	margarien	[marχarin]

| olivas, aceitunas (f pl) | olywe | [olajvə] |
| aceite (m) de oliva | olyfolie | [olajf·oli] |

leche (f)	melk	[mɛlk]
leche (f) condensada	kondensmelk	[kondɛŋs·mɛlk]
yogur (m)	jogurt	[joχurt]
nata (f) agria	suurroom	[sɪr·roəm]
nata (f) líquida	room	[roəm]

| mayonesa (f) | mayonnaise | [majonɛs] |
| crema (f) de mantequilla | crème | [krɛm] |

cereales (m pl) integrales	ontbytgraan	[ontbajt·χrān]
harina (f)	meelblom	[meəl·blom]
conservas (f pl)	blikkieskos	[blikkis·kos]

copos (m pl) de maíz	mielievlokkies	[mili·flokkis]
miel (f)	heuning	[høəniŋ]
confitura (f)	konfyt	[konfajt]
chicle (m)	kougom	[kæʊχom]

53. Las bebidas

agua (f)	water	[vatər]
agua (f) potable	drinkwater	[drink·vatər]
agua (f) mineral	mineraalwater	[minerãl·vatər]

sin gas	sonder gas	[sondər χas]
gaseoso (adj)	soda-	[soda-]
con gas	bruis-	[brœis-]
hielo (m)	ys	[ajs]
con hielo	met ys	[met ajs]

sin alcohol	nie-alkoholies	[ni-alkoholis]
bebida (f) sin alcohol	koeldrank	[kul·drank]
refresco (m)	verfrissende drank	[ferfrissendə drank]
limonada (f)	limonade	[limonadə]

bebidas (f pl) alcohólicas	likeure	[likøərə]
vino (m)	wyn	[vajn]
vino (m) blanco	witwyn	[vit·vajn]
vino (m) tinto	rooiwyn	[roj·vajn]

licor (m)	likeur	[likøər]
champaña (f)	sjampanje	[ʃampanje]
vermú (m)	vermoet	[fermut]

whisky (m)	whisky	[vhiskaj]
vodka (m)	vodka	[fodka]
ginebra (f)	jenever	[jenefər]
coñac (m)	brandewyn	[brandə·vajn]
ron (m)	rum	[rum]
café (m)	koffie	[koffi]
café (m) solo	swart koffie	[swart koffi]
café (m) con leche	koffie met melk	[koffi met melk]
capuchino (m)	capuccino	[kaputʃino]
café (m) soluble	poeierkoffie	[pujer·koffi]
leche (f)	melk	[melk]
cóctel (m)	mengeldrankie	[menχəl·dranki]
batido (m)	melkskommel	[melk·skomməl]
zumo (m), jugo (m)	sap	[sap]
jugo (m) de tomate	tamatiesap	[tamati·sap]
zumo (m) de naranja	lemoensap	[lemoən·sap]
zumo (m) fresco	vars geparste sap	[fars χeparstə sap]
cerveza (f)	bier	[bir]
cerveza (f) rubia	ligte bier	[liχtə bir]
cerveza (f) negra	donker bier	[donkər bir]
té (m)	tee	[teə]
té (m) negro	swart tee	[swart teə]
té (m) verde	groen tee	[χrun teə]

54. Las verduras

legumbres (f pl)	groente	[χruntə]
verduras (f pl)	groente	[χruntə]
tomate (m)	tamatie	[tamati]
pepino (m)	komkommer	[komkommər]
zanahoria (f)	wortel	[vortəl]
patata (f)	aartappel	[ārtappəl]
cebolla (f)	ui	[œi]
ajo (m)	knoffel	[knoffəl]
col (f)	kool	[koəl]
coliflor (f)	blomkool	[blom·koəl]
col (f) de Bruselas	Brusselspruite	[brussɛl·sprœitə]
brócoli (m)	broccoli	[brokoli]
remolacha (f)	beet	[beət]
berenjena (f)	eiervrug	[æejerfruχ]
calabacín (m)	vingerskorsie	[fiŋər·skorsi]
calabaza (f)	pampoen	[pampun]

137

nabo (m)	raap	[rãp]
perejil (m)	pietersielie	[pitərsili]
eneldo (m)	dille	[dillə]
lechuga (f)	slaai	[slãi]
apio (m)	seldery	[selderaj]
espárrago (m)	aspersie	[aspersi]
espinaca (f)	spinasie	[spinasi]
guisante (m)	ertjie	[ɛrki]
habas (f pl)	boontjies	[boənkis]
maíz (m)	mielie	[mili]
fréjol (m)	nierboontjie	[nir·boənki]
pimiento (m) dulce	paprika	[paprika]
rábano (m)	radys	[radajs]
alcachofa (f)	artisjok	[artiʃok]

55. Las frutas. Las nueces

fruto (m)	vrugte	[fruχtə]
manzana (f)	appel	[appəl]
pera (f)	peer	[peər]
limón (m)	suurlemoen	[sɪr·lemun]
naranja (f)	lemoen	[lemun]
fresa (f)	aarbei	[ãrbæj]
mandarina (f)	nartjie	[narki]
ciruela (f)	pruim	[prœim]
melocotón (m)	perske	[perskə]
albaricoque (m)	appelkoos	[appɛlkoəs]
frambuesa (f)	framboos	[framboəs]
piña (f)	pynappel	[pajnappəl]
banana (f)	piesang	[pisaŋ]
sandía (f)	waatlemoen	[vãtlemun]
uva (f)	druif	[drœif]
guinda (f)	suurkersie	[sɪr·kersi]
cereza (f)	soetkersie	[sut·kersi]
melón (m)	spanspek	[spaŋspek]
pomelo (m)	pomelo	[pomelo]
aguacate (m)	avokado	[afokado]
papaya (f)	papaja	[papaja]
mango (m)	mango	[manχo]
granada (f)	granaat	[χranãt]
grosella (f) roja	rooi aalbessie	[roj ãlbɛssi]
grosella (f) negra	swartbessie	[swartbɛssi]
grosella (f) espinosa	appelliefie	[appɛllifi]
arándano (m)	bosbessie	[bosbɛssi]

zarzamoras (f pl)	braambessie	[brãmbɛssi]
pasas (f pl)	rosyntjie	[rosajŋki]
higo (m)	vy	[faj]
dátil (m)	dadel	[dadəl]

cacahuete (m)	grondboontjie	[χront·boənki]
almendra (f)	amandel	[amandəl]
nuez (f)	okkerneut	[okkər·nøət]
avellana (f)	haselneut	[hasɛl·nøət]
nuez (f) de coco	klapper	[klappər]
pistachos (m pl)	pistachio	[pistatʃio]

56. El pan. Los dulces

pasteles (m pl)	soet gebak	[sut χebak]
pan (m)	brood	[broət]
galletas (f pl)	koekies	[kukis]

chocolate (m)	sjokolade	[ʃokoladə]
de chocolate (adj)	sjokolade	[ʃokoladə]
caramelo (m)	lekkers	[lɛkkərs]
tarta (f) (pequeña)	koek	[kuk]
tarta (f) (~ de cumpleaños)	koek	[kuk]

tarta (f) (~ de manzana)	pastei	[pastæj]
relleno (m)	vulsel	[fulsəl]

confitura (f)	konfyt	[konfajt]
mermelada (f)	marmelade	[marmeladə]
gofre (m)	wafels	[vafɛls]
helado (m)	roomys	[roəm·ajs]
pudin (m)	poeding	[pudiŋ]

57. Las especias

sal (f)	sout	[sæut]
salado (adj)	sout	[sæut]
salar (vt)	sout	[sæut]

pimienta (f) negra	swart peper	[swart pepər]
pimienta (f) roja	rooi peper	[roj pepər]
mostaza (f)	mosterd	[mostert]
rábano (m) picante	peperwortel	[peper·wortəl]

condimento (m)	smaakmiddel	[smãk·middəl]
especia (f)	spesery	[spesəraj]
salsa (f)	sous	[sæus]
vinagre (m)	asyn	[asajn]

anís (m)	anys	[anajs]
albahaca (f)	basilikum	[basilikum]
clavo (m)	naeltjies	[naɛlkis]
jengibre (m)	gemmer	[χɛmmər]
cilantro (m)	koljander	[koljandər]
canela (f)	kaneel	[kaneəl]
sésamo (m)	sesamsaad	[sesam·sãt]
hoja (f) de laurel	lourierblaar	[læʊrir·blãr]
paprika (f)	paprika	[paprika]
comino (m)	komynsaad	[komajnsãt]
azafrán (m)	saffraan	[saffrãn]

LA INFORMACIÓN PERSONAL. LA FAMILIA

T&P Books Publishing

58. La información personal. Los formularios

nombre (m)	**voornaam**	[foərnãm]
apellido (m)	**van**	[fan]
fecha (f) de nacimiento	**geboortedatum**	[χeboərtə·datum]
lugar (m) de nacimiento	**geboorteplek**	[χeboərtə·plek]
nacionalidad (f)	**nasionaliteit**	[naʃionalitæjt]
domicilio (m)	**woonplek**	[voən·plek]
país (m)	**land**	[lant]
profesión (f)	**beroep**	[berup]
sexo (m)	**geslag**	[χeslaχ]
estatura (f)	**lengte**	[leŋtə]
peso (m)	**gewig**	[χevəχ]

59. Los familiares. Los parientes

madre (f)	**moeder**	[mudər]
padre (m)	**vader**	[fadər]
hijo (m)	**seun**	[søən]
hija (f)	**dogter**	[doχtər]
hija (f) menor	**jonger dogter**	[joŋər doχtər]
hijo (m) menor	**jonger seun**	[joŋər søən]
hija (f) mayor	**oudste dogter**	[æʊdstə doχtər]
hijo (m) mayor	**oudste seun**	[æʊdstə søən]
hermano (m)	**broer**	[brur]
hermano (m) mayor	**ouer broer**	[æʊer brur]
hermano (m) menor	**jonger broer**	[joŋər brur]
hermana (f)	**suster**	[sustər]
hermana (f) mayor	**ouer suster**	[æʊer sustər]
hermana (f) menor	**jonger suster**	[joŋər sustər]
primo (m)	**neef**	[neəf]
prima (f)	**neef**	[neəf]
mamá (f)	**ma**	[ma]
papá (m)	**pa**	[pa]
padres (pl)	**ouers**	[æʊers]
niño -a (m, f)	**kind**	[kint]
niños (pl)	**kinders**	[kindərs]
abuela (f)	**ouma**	[æʊma]

abuelo (m)	**oupa**	[æʊpa]
nieto (m)	**kleinseun**	[klæjn·søən]
nieta (f)	**kleindogter**	[klæjn·doχtər]
nietos (pl)	**kleinkinders**	[klæjn·kindərs]

tío (m)	**oom**	[oəm]
tía (f)	**tante**	[tantə]
sobrino (m)	**neef**	[neəf]
sobrina (f)	**nig**	[niχ]

suegra (f)	**skoonma**	[skoən·ma]
suegro (m)	**skoonpa**	[skoən·pa]
yerno (m)	**skoonseun**	[skoən·søən]
madrastra (f)	**stiefma**	[stifma]
padrastro (m)	**stiefpa**	[stifpa]

niño (m) de pecho	**baba**	[baba]
bebé (m)	**baba**	[baba]
chico (m)	**seuntjie**	[søənki]

mujer (f)	**vrou**	[fræʊ]
marido (m)	**man**	[man]
esposo (m)	**eggenoot**	[ɛχχenoət]
esposa (f)	**eggenote**	[ɛχχenotə]

casado (adj)	**getroud**	[χetræʊt]
casada (adj)	**getroud**	[χetræʊt]
soltero (adj)	**ongetroud**	[onχətræʊt]
soltero (m)	**vrygesel**	[frajχesəl]
divorciado (adj)	**geskei**	[χeskæj]
viuda (f)	**weduwee**	[veduveə]
viudo (m)	**wedunaar**	[vedunãr]

pariente (m)	**famililid**	[famililit]
pariente (m) cercano	**na familie**	[na famili]
pariente (m) lejano	**ver familie**	[fer famili]
parientes (pl)	**familielede**	[famililedə]

huérfano (m)	**weeskind**	[veəskint]
huérfana (f)	**weeskind**	[veəskint]
tutor (m)	**voog**	[foəχ]
adoptar (un niño)	**aanneem**	[ãnneəm]
adoptar (una niña)	**aanneem**	[ãnneəm]

60. Los amigos. Los compañeros del trabajo

amigo (m)	**vriend**	[frint]
amiga (f)	**vriendin**	[frindin]
amistad (f)	**vriendskap**	[frindskap]
ser amigo	**bevriend wees**	[befrint veəs]

amigote (m)	maat	[mãt]
amiguete (f)	vriendin	[frindin]
compañero (m)	maat	[mãt]

jefe (m)	baas	[bãs]
superior (m)	baas	[bãs]
propietario (m)	eienaar	[æjenãr]
subordinado (m)	ondergeskikte	[ondərxeskiktə]
colega (m, f)	kollega	[kolleχa]

conocido (m)	kennis	[kɛnnis]
compañero (m) de viaje	medereisiger	[medə·ræjsiχər]
condiscípulo (m)	klasmaat	[klas·mãt]

vecino (m)	buurman	[bɪrman]
vecina (f)	buurvrou	[bɪrfræʊ]
vecinos (pl)	bure	[burə]

EL CUERPO. LA MEDICINA

T&P Books Publishing

cabeza (f)	kop	[kop]
cara (f)	gesig	[χesəχ]
nariz (f)	neus	[nøəs]
boca (f)	mond	[mont]
ojo (m)	oog	[oəχ]
ojos (m pl)	oë	[oɛ]
pupila (f)	pupil	[pupil]
ceja (f)	wenkbrou	[vɛnk·bræʊ]
pestaña (f)	ooghaar	[oəχ·hãr]
párpado (m)	ooglid	[oəχ·lit]
lengua (f)	tong	[toŋ]
diente (m)	tand	[tant]
labios (m pl)	lippe	[lippə]
pómulos (m pl)	wangbene	[vaŋ·benə]
encía (f)	tandvleis	[tand·flæjs]
paladar (m)	verhemelte	[fer·hemɛltə]
ventanas (f pl)	neusgate	[nøəsχatə]
mentón (m)	ken	[ken]
mandíbula (f)	kakebeen	[kakebeən]
mejilla (f)	wang	[vaŋ]
frente (f)	voorhoof	[foərhoəf]
sien (f)	slaap	[slãp]
oreja (f)	oor	[oər]
nuca (f)	agterkop	[aχtərkop]
cuello (m)	nek	[nek]
garganta (f)	keel	[keəl]
pelo, cabello (m)	haar	[hãr]
peinado (m)	kapsel	[kapsəl]
corte (m) de pelo	haarstyl	[hãrstajl]
peluca (f)	pruik	[prœik]
bigote (m)	snor	[snor]
barba (f)	baard	[bãrt]
tener (~ la barba)	dra	[dra]
trenza (f)	vlegsel	[fleχsəl]
patillas (f pl)	bakkebaarde	[bakkəbãrdə]
pelirrojo (adj)	rooiharig	[roj·harəχ]
gris, canoso (adj)	grys	[χrajs]

calvo (adj)	kaal	[kãl]
calva (f)	kaal plek	[kãl plek]

cola (f) de caballo	poniestert	[poni·stert]
flequillo (m)	gordyntjiekapsel	[χordajnki·kapsəl]

62. El cuerpo

mano (f)	hand	[hant]
brazo (m)	arm	[arm]

dedo (m)	vinger	[fiŋər]
dedo (m) del pie	toon	[toən]
dedo (m) pulgar	duim	[dœim]
dedo (m) meñique	pinkie	[pinki]
uña (f)	nael	[naəl]

puño (m)	vuis	[fœis]
palma (f)	palm	[palm]
muñeca (f)	pols	[pols]
antebrazo (m)	voorarm	[foərarm]
codo (m)	elmboog	[ɛlmboəχ]
hombro (m)	skouer	[skæʋər]

pierna (f)	been	[beən]
planta (f)	voet	[fut]
rodilla (f)	knie	[kni]
pantorrilla (f)	kuit	[kœit]

cadera (f)	heup	[høəp]
talón (m)	hakskeen	[hak·skeən]

cuerpo (m)	liggaam	[liχχãm]
vientre (m)	maag	[mãχ]
pecho (m)	bors	[bors]
seno (m)	bors	[bors]
lado (m), costado (m)	sy	[saj]
espalda (f)	rug	[ruχ]

zona (f) lumbar	lae rug	[laə ruχ]
cintura (f), talle (m)	middel	[middəl]

ombligo (m)	naeltjie	[naɛlki]
nalgas (f pl)	boude	[bæʋdə]
trasero (m)	sitvlak	[sitflak]

lunar (m)	moesie	[musi]
marca (f) de nacimiento	moedervlek	[mudər·flek]
tatuaje (m)	tatoe	[tatu]
cicatriz (f)	litteken	[littekən]

63. Las enfermedades

enfermedad (f)	siekte	[siktə]
estar enfermo	siek wees	[sik veəs]
salud (f)	gesondheid	[χesonthæjt]
resfriado (m) (coriza)	loopneus	[loəpnøəs]
angina (f)	keelontsteking	[keəl·ontstekiŋ]
resfriado (m)	verkoue	[ferkæʊə]
bronquitis (f)	bronchitis	[bronχitis]
pulmonía (f)	longontsteking	[loŋ·ontstekiŋ]
gripe (f)	griep	[χrip]
miope (adj)	bysiende	[bajsində]
présbita (adj)	versiende	[fersində]
estrabismo (m)	skeelheid	[skeəlhæjt]
estrábico (m) (adj)	skeel	[skeəl]
catarata (f)	katarak	[katarak]
glaucoma (m)	gloukoom	[χlæʊkoəm]
insulto (m)	beroerte	[berurtə]
ataque (m) cardiaco	hartaanval	[hart·ānfal]
infarto (m) de miocardio	hartinfark	[hart·infark]
parálisis (f)	verlamming	[ferlammiŋ]
paralizar (vt)	verlam	[ferlam]
alergia (f)	allergie	[allerχi]
asma (f)	asma	[asma]
diabetes (f)	suikersiekte	[sœikər·siktə]
dolor (m) de muelas	tandpyn	[tand·pajn]
caries (f)	tandbederf	[tand·bederf]
diarrea (f)	diarree	[diarreə]
estreñimiento (m)	hardlywigheid	[hardlajviχæjt]
molestia (f) estomacal	maagongesteldheid	[māχ·oŋəstɛldhæjt]
envenenamiento (m)	voedselvergiftiging	[fudsəl·ferχiftəχiŋ]
envenenarse (vr)	voedselvergiftiging kry	[fudsəl·ferχiftəχiŋ kraj]
artritis (f)	artritis	[artritis]
raquitismo (m)	Engelse siekte	[ɛŋəlsə siktə]
reumatismo (m)	reumatiek	[røəmatik]
ateroesclerosis (f)	artrosklerose	[artrosklerosə]
gastritis (f)	maagontsteking	[māχ·ontstekiŋ]
apendicitis (f)	blindedermontsteking	[blindəderm·ontstekiŋ]
colecistitis (f)	galblaasontsteking	[χalblās·ontstekiŋ]
úlcera (f)	maagsweer	[māχsweər]
sarampión (m)	masels	[masɛls]
rubeola (f)	Duitse masels	[dœitsə masɛls]

| ictericia (f) | geelsug | [χeəlsuχ] |
| hepatitis (f) | hepatitis | [hepatitis] |

esquizofrenia (f)	skisofrenie	[skisofreni]
rabia (f) (hidrofobia)	hondsdolheid	[hondsdolhæjt]
neurosis (f)	neurose	[nøərosə]
conmoción (f) cerebral	harsingskudding	[harsiŋ·skuddiŋ]

cáncer (m)	kanker	[kankər]
esclerosis (f)	sklerose	[sklerosə]
esclerosis (m) múltiple	veelvuldige sklerose	[feəlfuldiχə sklerosə]

alcoholismo (m)	alkoholisme	[alkoholismə]
alcohólico (m)	alkoholikus	[alkoholikus]
sífilis (f)	sifilis	[sifilis]
SIDA (m)	VIGS	[vigs]

tumor (m)	tumor	[tumor]
maligno (adj)	kwaadaardig	[kwãdãrdəχ]
benigno (adj)	goedaardig	[χudãrdəχ]

fiebre (f)	koors	[koərs]
malaria (f)	malaria	[malaria]
gangrena (f)	gangreen	[χanχreən]
mareo (m)	seesiekte	[seə·siktə]
epilepsia (f)	epilepsie	[ɛpilepsi]

epidemia (f)	epidemie	[ɛpidemi]
tifus (m)	tifus	[tifus]
tuberculosis (f)	tuberkulose	[tuberkulosə]
cólera (f)	cholera	[χolera]
peste (f)	pes	[pes]

64. Los síntomas. Los tratamientos. Unidad 1

síntoma (m)	simptoom	[simptoəm]
temperatura (f)	temperatuur	[temperatɪr]
fiebre (f)	koors	[koərs]
pulso (m)	polsslag	[pols·slaχ]

mareo (m) (vértigo)	duiseligheid	[dœiseliχæjt]
caliente (adj)	warm	[varm]
escalofrío (m)	koue rillings	[kæʊə rilliŋs]
pálido (adj)	bleek	[bleək]

tos (f)	hoes	[hus]
toser (vi)	hoes	[hus]
estornudar (vi)	nies	[nis]
desmayo (m)	floute	[flæʊtə]
desmayarse (vr)	flou word	[flæʊ vort]

moradura (f)	blou kol	[blæʊ kol]
chichón (m)	knop	[knop]
golpearse (vr)	stamp	[stamp]
magulladura (f)	besering	[beseriŋ]

cojear (vi)	hink	[hink]
dislocación (f)	ontwrigting	[ontwriχtiŋ]
dislocar (vt)	ontwrig	[ontwrəχ]
fractura (f)	breuk	[brøək]
tener una fractura	n breuk hê	[n brøək hɛ:]

corte (m) (tajo)	sny	[snaj]
cortarse (vr)	jouself sny	[jæʊsɛlf snaj]
hemorragia (f)	bloeding	[bludiŋ]

| quemadura (f) | brandwond | [brant·vont] |
| quemarse (vr) | jouself brand | [jæʊsɛlf brant] |

pincharse (~ el dedo)	prik	[prik]
pincharse (vr)	jouself prik	[jæʊsɛlf prik]
herir (vt)	seermaak	[seərmãk]
herida (f)	besering	[beseriŋ]
lesión (f) (herida)	wond	[vont]
trauma (m)	trauma	[trɔuma]

delirar (vi)	yl	[ajl]
tartamudear (vi)	stotter	[stottər]
insolación (f)	sonsteek	[sɔŋ·steək]

65. Los síntomas. Los tratamientos. Unidad 2

| dolor (m) | pyn | [pajn] |
| astilla (f) | splinter | [splintər] |

sudor (m)	sweet	[sweət]
sudar (vi)	sweet	[sweət]
vómito (m)	braak	[brãk]
convulsiones (f pl)	stuiptrekkings	[stœip·trɛkkiŋs]

embarazada (adj)	swanger	[swaŋər]
nacer (vi)	gebore word	[χeborə vort]
parto (m)	geboorte	[χeboərtə]
dar a luz	baar	[bãr]
aborto (m)	aborsie	[aborsi]

respiración (f)	asemhaling	[asemhaliŋ]
inspiración (f)	inaseming	[inasemiŋ]
espiración (f)	uitaseming	[œitasemiŋ]
espirar (vi)	uitasem	[œitasem]
inspirar (vi)	inasem	[inasem]

inválido (m)	invalide	[infalidə]
mutilado (m)	kreupel	[krøəpəl]
drogadicto (m)	dwelmslaaf	[dwɛlm·slāf]

sordo (adj)	doof	[doəf]
mudo (adj)	stom	[stom]
sordomudo (adj)	doofstom	[doəf·stom]

loco (adj)	swaksinnig	[swaksinnəχ]
loco (m)	kranksinnige	[kranksinniχə]
loca (f)	kranksinnige	[kranksinniχə]
volverse loco	kranksinnig word	[kranksinnəχ vort]

gen (m)	geen	[χeən]
inmunidad (f)	immuniteit	[immunitæjt]
hereditario (adj)	erflik	[ɛrflik]
de nacimiento (adj)	aangebore	[ānχəborə]

virus (m)	virus	[firus]
microbio (m)	mikrobe	[mikrobə]
bacteria (f)	bakterie	[bakteri]
infección (f)	infeksie	[infeksi]

66. Los síntomas. Los tratamientos. Unidad 3

| hospital (m) | hospitaal | [hospitāl] |
| paciente (m) | pasiënt | [pasiɛnt] |

diagnosis (f)	diagnose	[diaχnosə]
cura (f)	genesing	[χenesiŋ]
tratamiento (m)	mediese behandeling	[medisə behandəliŋ]
curarse (vr)	behandeling kry	[behandəliŋ kraj]
tratar (vt)	behandel	[behandəl]
cuidar (a un enfermo)	versorg	[fersorχ]
cuidados (m pl)	versorging	[fersorχiŋ]

operación (f)	operasie	[operasi]
vendar (vt)	verbind	[ferbint]
vendaje (m)	verband	[ferbant]

vacunación (f)	inenting	[inɛntiŋ]
vacunar (vt)	inent	[inɛnt]
inyección (f)	inspuiting	[inspœitiŋ]

ataque (m)	aanval	[ānfal]
amputación (f)	amputasie	[amputasi]
amputar (vt)	amputeer	[amputeər]
coma (m)	koma	[koma]
revitalización (f)	intensiewe sorg	[intɛnsivə sorχ]
recuperarse (vr)	herstel	[herstəl]

estado (m) (de salud)	kondisie	[kondisi]
consciencia (f)	bewussyn	[bevussajn]
memoria (f)	geheue	[χəhøə]

extraer (un diente)	trek	[trek]
empaste (m)	vulsel	[fulsəl]
empastar (vt)	vul	[ful]

| hipnosis (f) | hipnose | [hipnosə] |
| hipnotizar (vt) | hipnotiseer | [hipnotiseər] |

67. La medicina. Las drogas. Los accesorios

medicamento (m), droga (f)	medisyn	[medisajn]
remedio (m)	geneesmiddel	[χeneəs·middəl]
prescribir (vt)	voorskryf	[foərskrajf]
receta (f)	voorskrif	[foərskrif]

tableta (f)	pil	[pil]
ungüento (m)	salf	[salf]
ampolla (f)	ampul	[ampul]
mixtura (f), mezcla (f)	mengsel	[meŋsəl]
sirope (m)	stroop	[stroəp]
píldora (f)	pil	[pil]
polvo (m)	poeier	[pujer]

venda (f)	verband	[ferbant]
algodón (m) (discos de ~)	watte	[vattə]
yodo (m)	iodium	[iodium]

tirita (f), curita (f)	pleister	[plæjstər]
pipeta (f)	oogdrupper	[oeχ·druppər]
termómetro (m)	termometer	[termometər]
jeringa (f)	spuitnaald	[spœit·nãlt]

| silla (f) de ruedas | rolstoel | [rol·stul] |
| muletas (f pl) | krukke | [krukkə] |

anestésico (m)	pynstiller	[pajn·stillər]
purgante (m)	lakseermiddel	[lakseər·middəl]
alcohol (m)	spiritus	[spiritus]
hierba (f) medicinal	geneeskragtige kruie	[χeneəs·kraχtiχə krœiə]
de hierbas (té ~)	kruie-	[krœie-]

T&P BOOKS

EL APARTAMENTO

T&P Books Publishing

68. El apartamento

apartamento (m)	**woonstel**	[voəŋstəl]
habitación (f)	**kamer**	[kamər]
dormitorio (m)	**slaapkamer**	[slāp·kamər]
comedor (m)	**eetkamer**	[eət·kamər]
salón (m)	**sitkamer**	[sit·kamər]
despacho (m)	**studeerkamer**	[studeər·kamər]
antecámara (f)	**ingangsportaal**	[inχaŋs·portāl]
cuarto (m) de baño	**badkamer**	[bad·kamər]
servicio (m)	**toilet**	[tojlet]
techo (m)	**plafon**	[plafon]
suelo (m)	**vloer**	[flur]
rincón (m)	**hoek**	[huk]

69. Los muebles. El interior

muebles (m pl)	**meubels**	[møəbɛls]
mesa (f)	**tafel**	[tafel]
silla (f)	**stoel**	[stul]
cama (f)	**bed**	[bet]
sofá (m)	**rusbank**	[rusbank]
sillón (m)	**gemakstoel**	[χemak·stul]
librería (f)	**boekkas**	[buk·kas]
estante (m)	**rak**	[rak]
armario (m)	**klerekas**	[klerə·kas]
percha (f)	**kapstok**	[kapstok]
perchero (m) de pie	**kapstok**	[kapstok]
cómoda (f)	**laaikas**	[lājkas]
mesa (f) de café	**koffietafel**	[koffi·tafəl]
espejo (m)	**spieël**	[spiɛl]
tapiz (m)	**mat**	[mat]
alfombra (f)	**matjie**	[maki]
chimenea (f)	**vuurherd**	[fɪr·hert]
vela (f)	**kers**	[kers]
candelero (m)	**kandelaar**	[kandelār]
cortinas (f pl)	**gordyne**	[χordajnə]

empapelado (m)	muurpapier	[mɪr·papir]
estor (m) de láminas	blindings	[blindiŋs]
lámpara (f) de mesa	tafellamp	[tafel·lamp]
aplique (m)	muurlamp	[mɪr·lamp]
lámpara (f) de pie	staanlamp	[stān·lamp]
lámpara (f) de araña	kroonlugter	[kroən·luχtər]
pata (f) (~ de la mesa)	poot	[poət]
brazo (m)	armleuning	[arm·løəniŋ]
espaldar (m)	rugleuning	[ruχ·løəniŋ]
cajón (m)	laai	[lāi]

70. Los accesorios de cama

ropa (f) de cama	beddegoed	[beddə·χut]
almohada (f)	kussing	[kussiŋ]
funda (f)	kussingsloop	[kussiŋ·sloəp]
manta (f)	duvet	[dufet]
sábana (f)	laken	[laken]
sobrecama (f)	bedsprei	[bed·spræj]

71. La cocina

cocina (f)	kombuis	[kombœis]
gas (m)	gas	[χas]
cocina (f) de gas	gasstoof	[χas·stoəf]
cocina (f) eléctrica	elektriese stoof	[elektrisə stoəf]
horno (m)	oond	[oent]
horno (m) microondas	mikrogolfoond	[mikroχolf·oent]
frigorífico (m)	yskas	[ajs·kas]
congelador (m)	vrieskas	[friskas]
lavavajillas (m)	skottelgoedwasser	[skottɛlχud·wassər]
picadora (f) de carne	vleismeul	[flæjs·møəl]
exprimidor (m)	versapper	[fersappər]
tostador (m)	broodrooster	[broəd·roəstər]
batidora (f)	menger	[meŋər]
cafetera (f) (aparato de cocina)	koffiemasjien	[koffi·maʃin]
cafetera (f) (para servir)	koffiepot	[koffi·pot]
molinillo (m) de café	koffiemeul	[koffi·møəl]
hervidor (m) de agua	fluitketel	[flœit·ketəl]
tetera (f)	teepot	[tee·pot]
tapa (f)	deksel	[deksəl]

155

colador (m) de té	teesiffie	[teə·siffi]
cuchara (f)	lepel	[lepəl]
cucharilla (f)	teelepeltjie	[teə·lepəlki]
cuchara (f) de sopa	soplepel	[sop·lepəl]
tenedor (m)	vurk	[furk]
cuchillo (m)	mes	[mes]

vajilla (f)	tafelgerei	[tafel·χeræj]
plato (m)	bord	[bort]
platillo (m)	piering	[piriŋ]

vaso (m) de chupito	likeurglas	[likøər·χlas]
vaso (m) (~ de agua)	glas	[χlas]
taza (f)	koppie	[koppi]

azucarera (f)	suikerpot	[sœikər·pot]
salero (m)	soutvaatjie	[sæʊt·fãki]
pimentero (m)	pepervaatjie	[pepər·fãki]
mantequera (f)	botterbakkie	[bottər·bakki]

cacerola (f)	soppot	[sop·pot]
sartén (f)	braaipan	[brãj·pan]
cucharón (m)	opskeplepel	[opskep·lepəl]
colador (m)	vergiet	[ferχit]
bandeja (f)	skinkbord	[skink·bort]

botella (f)	bottel	[bottəl]
tarro (m) de vidrio	fles	[fles]
lata (f)	blikkie	[blikki]

abrebotellas (m)	botteloopmaker	[bottəl·oəpmakər]
abrelatas (m)	blikoopmaker	[blik·oəpmakər]
sacacorchos (m)	kurktrekker	[kurk·trɛkkər]
filtro (m)	filter	[filtər]
filtrar (vt)	filter	[filtər]

| basura (f) | vullis | [fullis] |
| cubo (m) de basura | vullisbak | [fullis·bak] |

72. El baño

cuarto (m) de baño	badkamer	[bad·kamər]
agua (f)	water	[vatər]
grifo (m)	kraan	[krãn]
agua (f) caliente	warme water	[varmə vatər]
agua (f) fría	koue water	[kæʊə vatər]

pasta (f) de dientes	tandepasta	[tandə·pasta]
limpiarse los dientes	tande borsel	[tandə borsəl]
cepillo (m) de dientes	tandeborsel	[tandə·borsəl]

afeitarse (vr)	skeer	[skeər]
espuma (f) de afeitar	skeerroom	[skeər·roəm]
maquinilla (f) de afeitar	skeermes	[skeər·mes]

lavar (vt)	was	[vas]
darse un baño	bad	[bat]
ducha (f)	stort	[stort]
darse una ducha	stort	[stort]

bañera (f)	bad	[bat]
inodoro (m)	toilet	[tojlet]
lavabo (m)	wasbak	[vas·bak]

jabón (m)	seep	[seəp]
jabonera (f)	seepbakkie	[seəp·bakki]

esponja (f)	spons	[spɔŋs]
champú (m)	sjampoe	[ʃampu]
toalla (f)	handdoek	[handduk]
bata (f) de baño	badjas	[batjas]

colada (f), lavado (m)	was	[vas]
lavadora (f)	wasmasjien	[vas·maʃin]
lavar la ropa	die wasgoed was	[di vasχut vas]
detergente (m) en polvo	waspoeier	[vas·pujer]

73. Los aparatos domésticos

televisor (m)	TV-stel	[te·fe-stəl]
magnetófono (m)	bandspeler	[band·spelər]
vídeo (m)	videomasjien	[video·maʃin]
radio (m)	radio	[radio]
reproductor (m) (~ MP3)	speler	[spelər]

proyector (m) de vídeo	videoprojektor	[video·projektor]
sistema (m) home cinema	tuisfliekteater	[tœis·flik·teatər]
reproductor (m) de DVD	DVD-speler	[de·fe·de-spelər]
amplificador (m)	versterker	[fersterkər]
videoconsola (f)	videokonsole	[video·kɔŋsolə]

cámara (f) de vídeo	videokamera	[video·kamera]
cámara (f) fotográfica	kamera	[kamera]
cámara (f) digital	digitale kamera	[diχitalə kamera]

aspirador (m), aspiradora (f)	stofsuier	[stof·sœiər]
plancha (f)	strykyster	[strajk·ajstər]
tabla (f) de planchar	strykplank	[strajk·plank]

teléfono (m)	telefoon	[telefoən]
teléfono (m) móvil	selfoon	[sɛlfoən]

máquina (f) de escribir	**tikmasjien**	[tik·maʃin]
máquina (f) de coser	**naaimasjien**	[naj·maʃin]
micrófono (m)	**mikrofoon**	[mikrofoən]
auriculares (m pl)	**koptelefoon**	[kop·telefoən]
mando (m) a distancia	**afstandsbeheer**	[afstands·beheər]
CD (m)	**CD**	[se·de]
casete (m)	**kasset**	[kasset]
disco (m) de vinilo	**plaat**	[plãt]

T&P BOOKS

LA TIERRA. EL TIEMPO

T&P Books Publishing

74. El espacio

cosmos (m)	**kosmos**	[kosmos]
espacial, cósmico (adj)	**kosmies**	[kosmis]
espacio (m) cósmico	**buitenste ruimte**	[bœitɛŋstə rajmtə]
mundo (m)	**wêreld**	[værɛlt]
universo (m)	**heelal**	[heəlal]
galaxia (f)	**sterrestelsel**	[sterrə·stɛlsəl]
estrella (f)	**ster**	[ster]
constelación (f)	**sterrebeeld**	[sterrə·beəlt]
planeta (m)	**planeet**	[planeət]
satélite (m)	**satelliet**	[satɛllit]
meteorito (m)	**meteoriet**	[meteorit]
cometa (m)	**komeet**	[komeət]
asteroide (m)	**asteroïed**	[asteroïət]
órbita (f)	**baan**	[bān]
girar (vi)	**draai**	[drāi]
atmósfera (f)	**atmosfeer**	[atmosfeər]
Sol (m)	**die Son**	[di son]
sistema (m) solar	**sonnestelsel**	[sonnə·stɛlsəl]
eclipse (m) de Sol	**sonsverduistering**	[sɔŋs·ferdœisteriŋ]
Tierra (f)	**die Aarde**	[di ārdə]
Luna (f)	**die Maan**	[di mān]
Marte (m)	**Mars**	[mars]
Venus (f)	**Venus**	[fenus]
Júpiter (m)	**Jupiter**	[jupitər]
Saturno (m)	**Saturnus**	[saturnus]
Mercurio (m)	**Mercurius**	[merkurius]
Urano (m)	**Uranus**	[uranus]
Neptuno (m)	**Neptunus**	[neptunus]
Plutón (m)	**Pluto**	[pluto]
la Vía Láctea	**Melkweg**	[melk·weχ]
la Osa Mayor	**Groot Beer**	[χroət beər]
la Estrella Polar	**Poolster**	[poəl·stər]
marciano (m)	**marsbewoner**	[mars·bevonər]
extraterrestre (m)	**buiteaardse wese**	[bœitə·ārdsə vesə]

| planetícola (m) | ruimtewese | [rœimtə·vesə] |
| platillo (m) volante | vlieënde skottel | [fliɛndə skottəl] |

nave (f) espacial	ruimteskip	[rœimtə·skip]
estación (f) orbital	ruimtestasie	[rœimtə·stasi]
despegue (m)	vertrek	[fertrek]

motor (m)	enjin	[ɛndʒin]
tobera (f)	uitlaatpyp	[œitlāt·pajp]
combustible (m)	brandstof	[brantstof]

carlinga (f)	stuurkajuit	[stɪr·kajœit]
antena (f)	lugdraad	[luχdrāt]
ventana (f)	patryspoort	[patrajs·poərt]
batería (f) solar	sonpaneel	[son·paneəl]
escafandra (f)	ruimtepak	[rœimtə·pak]

| ingravidez (f) | gewigloosheid | [χeviχloəshæjt] |
| oxígeno (m) | suurstof | [sɪrstof] |

| atraque (m) | koppeling | [koppeliŋ] |
| realizar el atraque | koppel | [koppəl] |

observatorio (m)	observatorium	[observatorium]
telescopio (m)	teleskoop	[teleskoəp]
observar (vt)	waarneem	[vārneəm]
explorar (~ el universo)	eksploreer	[ɛksploreər]

75. La tierra

Tierra (f)	die Aarde	[di ārdə]
globo (m) terrestre	die aardbol	[di ārdbol]
planeta (m)	planeet	[planeət]

atmósfera (f)	atmosfeer	[atmosfeər]
geografía (f)	geografie	[χeoχrafi]
naturaleza (f)	natuur	[natɪr]

globo (m) terráqueo	aardbol	[ārd·bol]
mapa (m)	kaart	[kārt]
atlas (m)	atlas	[atlas]

Europa (f)	Europa	[øəropa]
Asia (f)	Asië	[asiɛ]
África (f)	Afrika	[afrika]
Australia (f)	Australië	[ɔustraliɛ]

América (f)	Amerika	[amerika]
América (f) del Norte	Noord-Amerika	[noərd-amerika]
América (f) del Sur	Suid-Amerika	[sœid-amerika]

| Antártida (f) | Suidpool | [sœid·poəl] |
| Ártico (m) | Noordpool | [noərd·poəl] |

76. Los puntos cardinales

norte (m)	noorde	[noərdə]
al norte	na die noorde	[na di noərdə]
en el norte	in die noorde	[in di noərdə]
del norte (adj)	noordelik	[noərdəlik]

sur (m)	suide	[sœidə]
al sur	na die suide	[na di sœidə]
en el sur	in die suide	[in di sœidə]
del sur (adj)	suidelik	[sœidəlik]

oeste (m)	weste	[vestə]
al oeste	na die weste	[na di vestə]
en el oeste	in die weste	[in di vestə]
del oeste (adj)	westelik	[vestelik]

este (m)	ooste	[oəstə]
al este	na die ooste	[na di oəstə]
en el este	in die ooste	[in di oəstə]
del este (adj)	oostelik	[oəstəlik]

77. El mar. El océano

mar (m)	see	[seə]
océano (m)	oseaan	[oseãn]
golfo (m)	golf	[χolf]
estrecho (m)	straat	[strãt]

| tierra (f) firme | land | [lant] |
| continente (m) | kontinent | [kontinent] |

isla (f)	eiland	[æjlant]
península (f)	skiereiland	[skir·æjlant]
archipiélago (m)	argipel	[arχipəl]

bahía (f)	baai	[bãi]
ensenada, bahía (f)	hawe	[havə]
laguna (f)	strandmeer	[strand·meər]
cabo (m)	kaap	[kãp]

atolón (m)	atol	[atol]
arrecife (m)	rif	[rif]
coral (m)	koraal	[korãl]
arrecife (m) de coral	koraalrif	[korãl·rif]

profundo (adj)	diep	[dip]
profundidad (f)	diepte	[diptə]
abismo (m)	afgrond	[afχront]
fosa (f) oceánica	trog	[troχ]

corriente (f)	stroming	[strominŋ]
bañar (rodear)	omring	[omrinŋ]

orilla (f)	oewer	[uvər]
costa (f)	kus	[kus]

flujo (m)	hoogwater	[hoeχ·vatər]
reflujo (m)	laagwater	[lāχ·vatər]
banco (m) de arena	sandbank	[sand·bank]
fondo (m)	bodem	[bodem]

ola (f)	golf	[χolf]
cresta (f) de la ola	kruin	[krœin]
espuma (f)	skuim	[skœim]

tempestad (f)	storm	[storm]
huracán (m)	orkaan	[orkãn]
tsunami (m)	tsunami	[tsunami]
bonanza (f)	windstilte	[vindstiltə]
calmo, tranquilo	kalm	[kalm]

polo (m)	pool	[poəl]
polar (adj)	polêr	[polær]

latitud (f)	breedtegraad	[breədtə·χrāt]
longitud (f)	lengtegraad	[leŋtə·χrāt]
paralelo (m)	parallel	[paralləl]
ecuador (m)	ewenaar	[ɛvenār]

cielo (m)	hemel	[heməl]
horizonte (m)	horison	[horison]
aire (m)	lug	[luχ]

faro (m)	vuurtoring	[fɪrtorinŋ]
bucear (vi)	duik	[dœik]
hundirse (vr)	sink	[sink]
tesoros (m pl)	skatte	[skattə]

78. Los nombres de los mares y los océanos

océano (m) Atlántico	Atlantiese oseaan	[atlantisə oseān]
océano (m) Índico	Indiese Oseaan	[indisə oseān]
océano (m) Pacífico	Stille Oseaan	[stillə oseān]
océano (m) Glacial Ártico	Noordelike Yssee	[noərdelikə ajs·seə]
mar (m) Negro	Swart See	[swart seə]

mar (m) Rojo	Rooi See	[roj seə]
mar (m) Amarillo	Geel See	[χeəl seə]
mar (m) Blanco	Witsee	[vit·seə]

mar (m) Caspio	Kaspiese See	[kaspisə seə]
mar (m) Muerto	Dooie See	[doje seə]
mar (m) Mediterráneo	Middellandse See	[middəllandsə seə]

| mar (m) Egeo | Egeïese See | [ɛχejesə seə] |
| mar (m) Adriático | Adriatiese See | [adriatisə seə] |

mar (m) Arábigo	Arabiese See	[arabisə seə]
mar (m) del Japón	Japanse See	[japaŋsə seə]
mar (m) de Bering	Beringsee	[beriŋ·seə]
mar (m) de la China Meridional	Suid-Sjinese See	[sœid-ʃinesə seə]

mar (m) del Coral	Koraalsee	[korãl·seə]
mar (m) de Tasmania	Tasmansee	[tasmaŋ·seə]
mar (m) Caribe	Karibiese See	[karibisə seə]

| mar (m) de Barents | Barentssee | [barents·seə] |
| mar (m) de Kara | Karasee | [kara·seə] |

mar (m) del Norte	Noordsee	[noərd·seə]
mar (m) Báltico	Baltiese See	[baltisə seə]
mar (m) de Noruega	Noorse See	[noərsə seə]

79. Las montañas

montaña (f)	berg	[berχ]
cadena (f) de montañas	bergreeks	[berχ·reəks]
cresta (f) de montañas	bergrug	[berχ·ruχ]

cima (f)	top	[top]
pico (m)	piek	[pik]
pie (m)	voet	[fut]
cuesta (f)	helling	[hɛlliŋ]

volcán (m)	vulkaan	[fulkãn]
volcán (m) activo	aktiewe vulkaan	[aktivə fulkãn]
volcán (m) apagado	rustende vulkaan	[rustendə fulkãn]

erupción (f)	uitbarsting	[œitbarstiŋ]
cráter (m)	krater	[kratər]
magma (m)	magma	[maχma]
lava (f)	lawa	[lava]
fundido (lava ~a)	gloeiende	[χlujendə]
cañón (m)	diepkloof	[dip·kloəf]
desfiladero (m)	kloof	[kloəf]

grieta (f)	**skeur**	[skøər]
precipicio (m)	**afgrond**	[afχront]
puerto (m) (paso)	**bergpas**	[berχ·pas]
meseta (f)	**plato**	[plato]
roca (f)	**krans**	[kraŋs]
colina (f)	**kop**	[kop]
glaciar (m)	**gletser**	[χletsər]
cascada (f)	**waterval**	[vatər·fal]
geiser (m)	**geiser**	[χæejsər]
lago (m)	**meer**	[meər]
llanura (f)	**vlakte**	[flaktə]
paisaje (m)	**landskap**	[landskap]
eco (m)	**eggo**	[εχχo]
alpinista (m)	**alpinis**	[alpinis]
escalador (m)	**bergklimmer**	[berχ·klimmər]
conquistar (vt)	**baasraak**	[bāsrāk]
ascensión (f)	**beklimming**	[beklimmiŋ]

80. Los nombres de las montañas

Alpes (m pl)	**die Alpe**	[di alpə]
Montblanc (m)	**Mont Blanc**	[mon blan]
Pirineos (m pl)	**die Pireneë**	[di pireneε]
Cárpatos (m pl)	**die Karpate**	[di karpatə]
Urales (m pl)	**die Oeralgebergte**	[di ural·χəberχtə]
Cáucaso (m)	**die Koukasus Gebergte**	[di kæʊkasus χəberχtə]
Elbrus (m)	**Elbroes**	[εlbrus]
Altai (m)	**die Altai-gebergte**	[di altaj-χəberχtə]
Tian-Shan (m)	**die Tian Shan**	[di tian ʃan]
Pamir (m)	**die Pamir**	[di pamir]
Himalayos (m pl)	**die Himalajas**	[di himalajas]
Everest (m)	**Everest**	[εverest]
Andes (m pl)	**die Andes**	[di andes]
Kilimanjaro (m)	**Kilimanjaro**	[kilimandʒaro]

81. Los ríos

río (m)	**rivier**	[rifir]
manantial (m)	**bron**	[bron]
lecho (m) (curso de agua)	**rivierbed**	[rifir·bet]
cuenca (f) fluvial	**stroomgebied**	[stroəm·χebit]

desembocar en ...	**uitmond in ...**	[œitmont in ...]
afluente (m)	**syrivier**	[saj·rifir]
ribera (f)	**oewer**	[uvər]
corriente (f)	**stroming**	[stromiŋ]
río abajo (adv)	**stroomafwaarts**	[stroəm·afvārts]
río arriba (adv)	**stroomopwaarts**	[stroəm·opvārts]
inundación (f)	**oorstroming**	[oərstromiŋ]
riada (f)	**oorstroming**	[oərstromiŋ]
desbordarse (vr)	**oor sy walle loop**	[oər saj vallə loəp]
inundar (vt)	**oorstroom**	[oərstroəm]
bajo (m) arenoso	**sandbank**	[sand·bank]
rápido (m)	**stroomversnellings**	[stroəm·fersnɛlliŋs]
presa (f)	**damwal**	[dam·wal]
canal (m)	**kanaal**	[kanāl]
lago (m) artificiale	**opgaardam**	[opχār·dam]
esclusa (f)	**sluis**	[slœis]
cuerpo (m) de agua	**dam**	[dam]
pantano (m)	**moeras**	[muras]
ciénaga (f)	**vlei**	[flæj]
remolino (m)	**draaikolk**	[drāj·kolk]
arroyo (m)	**spruit**	[sprœit]
potable (adj)	**drink-**	[drink-]
dulce (agua ~)	**vars**	[fars]
hielo (m)	**ys**	[ajs]
helarse (el lago, etc.)	**bevries**	[befris]

82. Los nombres de los ríos

Sena (m)	**Seine**	[sæjn]
Loira (m)	**Loire**	[lua:r]
Támesis (m)	**Teems**	[tems]
Rin (m)	**Ryn**	[rajn]
Danubio (m)	**Donau**	[donɔu]
Volga (m)	**Wolga**	[volga]
Don (m)	**Don**	[don]
Lena (m)	**Lena**	[lena]
Río (m) Amarillo	**Geel Rivier**	[χeəl rifir]
Río (m) Azul	**Blou Rivier**	[blæʊ rifir]
Mekong (m)	**Mekong**	[mekoŋ]
Ganges (m)	**Ganges**	[χaŋəs]

Nilo (m)	Nyl	[najl]
Congo (m)	Kongorivier	[kongo·rifir]
Okavango (m)	Okavango	[okavango]
Zambeze (m)	Zambezi	[sambesi]
Limpopo (m)	Limpopo	[limpopo]
Misisipi (m)	Mississippi	[mississippi]

83. El bosque

| bosque (m) | bos | [bos] |
| de bosque (adj) | bos- | [bos-] |

espesura (f)	woud	[væʊt]
bosquecillo (m)	boord	[boərt]
claro (m)	oopte	[oəptə]

| maleza (f) | struikgewas | [strœik·χevas] |
| matorral (m) | struikveld | [strœik·fɛlt] |

| senda (f) | paadjie | [pādʒi] |
| barranco (m) | donga | [donχa] |

árbol (m)	boom	[boəm]
hoja (f)	blaar	[blār]
follaje (m)	blare	[blarə]

caída (f) de hojas	val van die blare	[fal fan di blarə]
caer (las hojas)	val	[fal]
cima (f)	boomtop	[boəm·top]

rama (f)	tak	[tak]
rama (f) (gruesa)	tak	[tak]
brote (m)	knop	[knop]
aguja (f)	naald	[nālt]
piña (f)	dennebol	[dɛnnə·bol]

| agujero (m) | holte | [holtə] |
| nido (m) | nes | [nes] |

tronco (m)	stam	[stam]
raíz (f)	wortel	[vortəl]
corteza (f)	bas	[bas]
musgo (m)	mos	[mos]

extirpar (vt)	ontwortel	[ontwortəl]
talar (vt)	omkap	[omkap]
deforestar (vt)	ontbos	[ontbos]
tocón (m)	boomstomp	[boəm·stomp]
hoguera (f)	kampvuur	[kampfɪr]
incendio (m) forestal	bosbrand	[bos·brant]

apagar (~ el incendio)	blus	[blus]
guarda (m) forestal	boswagter	[bos·waχtər]
protección (f)	beskerming	[beskermiŋ]
proteger (vt)	beskerm	[beskerm]
cazador (m) furtivo	wildstroper	[vilt·stropər]
cepo (m)	slagyster	[slaχ·ajstər]
recoger (setas, bayas)	pluk	[pluk]
perderse (vr)	verdwaal	[ferdwāl]

84. Los recursos naturales

recursos (m pl) naturales	natuurlike bronne	[natɪrlikə bronnə]
recursos (m pl) subterráneos	minerale	[mineralə]
depósitos (m pl)	lae	[laə]
yacimiento (m)	veld	[fɛlt]
extraer (vt)	myn	[majn]
extracción (f)	myn	[majn]
mena (f)	erts	[ɛrts]
mina (f)	myn	[majn]
pozo (m) de mina	mynskag	[majn·skaχ]
minero (m)	mynwerker	[majn·werkər]
gas (m)	gas	[χas]
gasoducto (m)	gaspyp	[χas·pajp]
petróleo (m)	olie	[oli]
oleoducto (m)	olipypleiding	[oli·pajp·læjdiŋ]
pozo (m) de petróleo	oliebron	[oli·bron]
torre (f) de sondeo	boortoring	[boər·toriŋ]
petrolero (m)	tenkskip	[tɛnk·skip]
arena (f)	sand	[sant]
caliza (f)	kalksteen	[kalksteən]
grava (f)	gruis	[χrœis]
turba (f)	veengrond	[feənχront]
arcilla (f)	klei	[klæj]
carbón (m)	steenkool	[steən·koəl]
hierro (m)	yster	[ajstər]
oro (m)	goud	[χæʊt]
plata (f)	silwer	[silwər]
níquel (m)	nikkel	[nikkəl]
cobre (m)	koper	[kopər]
zinc (m)	sink	[sink]
manganeso (m)	mangaan	[manχān]
mercurio (m)	kwik	[kwik]
plomo (m)	lood	[loət]

mineral (m)	**mineraal**	[minerãl]
cristal (m)	**kristal**	[kristal]
mármol (m)	**marmer**	[marmər]
uranio (m)	**uraan**	[urãn]

85. El tiempo

tiempo (m)	**weer**	[veər]
previsión (f) del tiempo	**weersvoorspelling**	[veərs·foərspɛlliŋ]
temperatura (f)	**temperatuur**	[temperatɪr]
termómetro (m)	**termometer**	[termometər]
barómetro (m)	**barometer**	[barometər]

húmedo (adj)	**klam**	[klam]
humedad (f)	**vogtigheid**	[foχtiχæjt]

bochorno (m)	**hitte**	[hittə]
tórrido (adj)	**heet**	[heət]
hace mucho calor	**dis vrekwarm**	[dis frekvarm]

hace calor (templado)	**dit is warm**	[dit is varm]
templado (adj)	**louwarm**	[læʊvarm]

hace frío	**dis koud**	[dis kæʊt]
frío (adj)	**koud**	[kæʊt]

sol (m)	**son**	[son]
brillar (vi)	**skyn**	[skajn]
soleado (un día ~)	**sonnig**	[sonnəχ]
elevarse (el sol)	**opkom**	[opkom]
ponerse (vr)	**ondergaan**	[ondərχãn]

nube (f)	**wolk**	[volk]
nuboso (adj)	**bewolk**	[bevolk]
nubarrón (m)	**reënwolk**	[reɛn·wolk]
nublado (adj)	**somber**	[sombər]

lluvia (f)	**reën**	[reɛn]
está lloviendo	**dit reën**	[dit reɛn]
lluvioso (adj)	**reënerig**	[reɛnerəχ]
lloviznar (vi)	**motreën**	[motreɛn]

aguacero (m)	**stortbui**	[stortbœi]
chaparrón (m)	**reënvlaag**	[reɛn·flãχ]
fuerte (la lluvia ~)	**swaar**	[swãr]
charco (m)	**poeletjie**	[puləki]
mojarse (vr)	**nat word**	[nat vort]

niebla (f)	**mis**	[mis]
nebuloso (adj)	**mistig**	[mistəχ]

| nieve (f) | sneeu | [sniʊ] |
| está nevando | dit sneeu | [dit sniʊ] |

86. Los eventos climáticos severos. Los desastres naturales

tormenta (f)	donderstorm	[dondər·storm]
relámpago (m)	weerlig	[veərləχ]
relampaguear (vi)	flits	[flits]

trueno (m)	donder	[dondər]
tronar (vi)	donder	[dondər]
está tronando	dit donder	[dit dondər]

| granizo (m) | hael | [haəl] |
| está granizando | dit hael | [dit haəl] |

| inundar (vt) | oorstroom | [oərstroəm] |
| inundación (f) | oorstroming | [oərstromiŋ] |

terremoto (m)	aardbewing	[ārd·beviŋ]
sacudida (f)	aardskok	[ārd·skok]
epicentro (m)	episentrum	[ɛpisentrum]

| erupción (f) | uitbarsting | [œitbarstiŋ] |
| lava (f) | lawa | [lava] |

| torbellino (m), tornado (m) | tornado | [tornado] |
| tifón (m) | tifoon | [tifoən] |

huracán (m)	orkaan	[orkān]
tempestad (f)	storm	[storm]
tsunami (m)	tsunami	[tsunami]

ciclón (m)	sikloon	[sikloən]
mal tiempo (m)	slegte weer	[sleχtə veər]
incendio (m)	brand	[brant]
catástrofe (f)	ramp	[ramp]
meteorito (m)	meteoriet	[meteorit]

avalancha (f)	lawine	[lavinə]
alud (m) de nieve	sneeulawine	[sniʊ·lavinə]
ventisca (f)	sneeustorm	[sniʊ·storm]
nevasca (f)	sneeustorm	[sniʊ·storm]

T&P BOOKS

LA FAUNA

T&P Books Publishing

87. Los mamíferos. Los predadores

carnívoro (m)	roofdier	[roəf·dir]
tigre (m)	tier	[tir]
león (m)	leeu	[liʊ]
lobo (m)	wolf	[volf]
zorro (m)	vos	[fos]
jaguar (m)	jaguar	[jaχuar]
leopardo (m)	luiperd	[lœipert]
guepardo (m)	jagluiperd	[jaχ·lœipert]
pantera (f)	swart luiperd	[swart lœipert]
puma (f)	poema	[puma]
leopardo (m) de las nieves	sneeuluiperd	[sniʊ·lœipert]
lince (m)	los	[los]
coyote (m)	prêriewolf	[præri·volf]
chacal (m)	jakkals	[jakkals]
hiena (f)	hiëna	[hiɛna]

88. Los animales salvajes

animal (m)	dier	[dir]
bestia (f)	beest	[beəst]
ardilla (f)	eekhoring	[eəkhoriŋ]
erizo (m)	krimpvarkie	[krimpfarki]
liebre (f)	hasie	[hasi]
conejo (m)	konyn	[konajn]
tejón (m)	das	[das]
mapache (m)	wasbeer	[vasbeər]
hámster (m)	hamster	[hamstər]
marmota (f)	marmot	[marmot]
topo (m)	mol	[mol]
ratón (m)	muis	[mœis]
rata (f)	rot	[rot]
murciélago (m)	vlermuis	[fler·mœis]
armiño (m)	hermelyn	[hermələjn]
cebellina (f)	sabel, sabeldier	[sabəl], [sabəl·dir]
marta (f)	marter	[martər]

| comadreja (f) | wesel | [vesəl] |
| visón (m) | nerts | [nerts] |

| castor (m) | bewer | [bevər] |
| nutria (f) | otter | [ottər] |

caballo (m)	perd	[pert]
alce (m)	eland	[ɛlant]
ciervo (m)	hert	[hert]
camello (m)	kameel	[kameəl]

bisonte (m)	bison	[bison]
uro (m)	wisent	[visent]
búfalo (m)	buffel	[buffəl]

cebra (f)	sebra, kwagga	[sebra], [kwaχχa]
antílope (m)	wildsbok	[vilds·bok]
corzo (m)	reebok	[reəbok]
gamo (m)	damhert	[damhert]
gamuza (f)	gems	[χems]
jabalí (m)	wildevark	[vildə·fark]

ballena (f)	walvis	[valfis]
foca (f)	seehond	[seə·hont]
morsa (f)	walrus	[valrus]
oso (m) marino	seebeer	[seə·beər]
delfín (m)	dolfyn	[dolfajn]

oso (m)	beer	[beər]
oso (m) blanco	ysbeer	[ajs·beər]
panda (f)	panda	[panda]

mono (m)	aap	[āp]
chimpancé (m)	sjimpansee	[ʃimpaŋseə]
orangután (m)	orangoetang	[oranχutaŋ]
gorila (m)	gorilla	[χorilla]
macaco (m)	makaak	[makāk]
gibón (m)	gibbon	[χibbon]

| elefante (m) | olifant | [olifant] |
| rinoceronte (m) | renoster | [renostər] |

| jirafa (f) | kameelperd | [kameəl·pert] |
| hipopótamo (m) | seekoei | [seə·kui] |

| canguro (m) | kangaroe | [kanχaru] |
| koala (f) | koala | [koala] |

mangosta (f)	muishond	[mœis·hont]
chinchilla (f)	chinchilla, tjintjilla	[tʃin·tʃila]
mofeta (f)	stinkmuishond	[stinkmœis·hont]
espín (m)	ystervark	[ajstər·fark]

89. Los animales domésticos

gata (f)	kat	[kat]
gato (m)	kater	[katər]
perro (m)	hond	[hont]
caballo (m)	perd	[pert]
garañón (m)	hings	[hiŋs]
yegua (f)	merrie	[merri]
vaca (f)	koei	[kui]
toro (m)	bul	[bul]
buey (m)	os	[os]
oveja (f)	skaap	[skāp]
carnero (m)	ram	[ram]
cabra (f)	bok	[bok]
cabrón (m)	bokram	[bok·ram]
asno (m)	donkie, esel	[donki], [eisəl]
mulo (m)	muil	[mœil]
cerdo (m)	vark	[fark]
cerdito (m)	varkie	[farki]
conejo (m)	konyn	[konajn]
gallina (f)	hoender, hen	[hundər], [hen]
gallo (m)	haan	[hān]
pato (m)	eend	[eent]
ánade (m)	mannetjieseend	[mannəkis·eent]
ganso (m)	gans	[χaŋs]
pavo (m)	kalkoenmannetjie	[kalkun·mannəki]
pava (f)	kalkoen	[kalkun]
animales (m pl) domésticos	huisdiere	[hœis·dirə]
domesticado (adj)	mak	[mak]
domesticar (vt)	mak maak	[mak māk]
criar (vt)	teel	[teəl]
granja (f)	plaas	[plās]
aves (f pl) de corral	pluimvee	[plœimfeə]
ganado (m)	beeste	[beəstə]
rebaño (m)	kudde	[kuddə]
caballeriza (f)	stal	[stal]
porqueriza (f)	varkstal	[fark·stal]
vaquería (f)	koeistal	[kui·stal]
conejal (m)	konynehok	[konajnə·hok]
gallinero (m)	hoenderhok	[hundər·hok]

90. Los pájaros

pájaro (m)	voël	[foɛl]
paloma (f)	duif	[dœif]
gorrión (m)	mossie	[mossi]
carbonero (m)	mees	[meəs]
urraca (f)	ekster	[ɛkstər]
cuervo (m)	raaf	[rāf]
corneja (f)	kraai	[krãi]
chova (f)	kerkkraai	[kerk·krãi]
grajo (m)	roek	[ruk]
pato (m)	eend	[eent]
ganso (m)	gans	[χaŋs]
faisán (m)	fisant	[fisant]
águila (f)	arend	[arɛnt]
azor (m)	sperwer	[sperwər]
halcón (m)	valk	[falk]
buitre (m)	aasvoël	[āsfoɛl]
cóndor (m)	kondor	[kondor]
cisne (m)	swaan	[swān]
grulla (f)	kraanvoël	[krān·foɛl]
cigüeña (f)	ooievaar	[ojefār]
loro (m), papagayo (m)	papegaai	[papəχãi]
colibrí (m)	kolibrie	[kolibri]
pavo (m) real	pou	[pæʊ]
avestruz (m)	volstruis	[folstrœis]
garza (f)	reier	[ræjer]
flamenco (m)	flamink	[flamink]
pelícano (m)	pelikaan	[pelikān]
ruiseñor (m)	nagtegaal	[naχteχāl]
golondrina (f)	swael	[swaəl]
tordo (m)	lyster	[lajstər]
zorzal (m)	sanglyster	[saŋlajstər]
mirlo (m)	merel	[merəl]
vencejo (m)	windswael	[vindswaəl]
alondra (f)	lewerik	[leverik]
codorniz (f)	kwartel	[kwartəl]
pájaro carpintero (m)	speg	[speχ]
cuco (m)	koekoek	[kukuk]
lechuza (f)	uil	[œil]
búho (m)	ooruil	[oərœil]

urogallo (m)	**auerhoen**	[ɔuer·hun]
gallo lira (m)	**korhoen**	[korhun]
perdiz (f)	**patrys**	[patrajs]
estornino (m)	**spreeu**	[spriʊ]
canario (m)	**kanarie**	[kanari]
ortega (f)	**bonasa hoen**	[bonasa hun]
pinzón (m)	**gryskoppie**	[χrajskoppi]
camachuelo (m)	**bloedvink**	[bludfink]
gaviota (f)	**seemeeu**	[seəmiʊ]
albatros (m)	**albatros**	[albatros]
pingüino (m)	**pikkewyn**	[pikkəvajn]

91. Los peces. Los animales marinos

brema (f)	**brasem**	[brasem]
carpa (f)	**karp**	[karp]
perca (f)	**baars**	[bãrs]
siluro (m)	**katvis, seebaber**	[katfis], [see·babər]
lucio (m)	**snoek**	[snuk]
salmón (m)	**salm**	[salm]
esturión (m)	**steur**	[støər]
arenque (m)	**haring**	[hariŋ]
salmón (m) del Atlántico	**atlantiese salm**	[atlantisə salm]
caballa (f)	**makriel**	[makril]
lenguado (m)	**platvis**	[platfis]
lucioperca (f)	**varswatersnoek**	[farswatər·snuk]
bacalao (m)	**kabeljou**	[kabeljæʊ]
atún (m)	**tuna**	[tuna]
trucha (f)	**forel**	[forəl]
anguila (f)	**paling**	[paliŋ]
raya (f) eléctrica	**drilvis**	[drilfis]
morena (f)	**bontpaling**	[bontpaliŋ]
piraña (f)	**piranha**	[piranha]
tiburón (m)	**haai**	[hãi]
delfín (m)	**dolfyn**	[dolfajn]
ballena (f)	**walvis**	[valfis]
centolla (f)	**krap**	[krap]
medusa (f)	**jellievis**	[jelli·fis]
pulpo (m)	**seekat**	[see·kat]
estrella (f) de mar	**seester**	[see·stər]
erizo (m) de mar	**see-egel, seekastaiing**	[see-eχel], [see·kastajiŋ]

caballito (m) de mar	seeperdjie	[seə·perdʒi]
ostra (f)	oester	[ustər]
camarón (m)	garnaal	[χarnãl]
bogavante (m)	kreef	[kreəf]
langosta (f)	seekreef	[seə·kreəf]

92. Los anfibios. Los reptiles

| serpiente (f) | slang | [slaŋ] |
| venenoso (adj) | giftig | [χiftəχ] |

víbora (f)	adder	[addər]
cobra (f)	kobra	[kobra]
pitón (m)	luislang	[lœislaŋ]
boa (f)	boa, konstriktorslang	[boa], [kɔŋstriktor·slaŋ]

culebra (f)	ringslang	[riŋ·slaŋ]
serpiente (m) de cascabel	ratelslang	[ratəl·slaŋ]
anaconda (f)	anakonda	[anakonda]

lagarto (m)	akkedis	[akkedis]
iguana (f)	leguaan	[leχuãn]
varano (m)	likkewaan	[likkevãn]
salamandra (f)	salamander	[salamandər]
camaleón (m)	verkleurmannetjie	[ferklœər·mannɛki]
escorpión (m)	skerpioen	[skerpiun]

tortuga (f)	skilpad	[skilpat]
rana (f)	padda	[padda]
sapo (m)	brulpadda	[brul·padda]
cocodrilo (m)	krokodil	[krokodil]

93. Los insectos

insecto (m)	insek	[insek]
mariposa (f)	skoenlapper	[skunlappər]
hormiga (f)	mier	[mir]
mosca (f)	vlieg	[fliχ]
mosquito (m) (picadura de ~)	muskiet	[muskit]
escarabajo (m)	kewer	[kevər]

avispa (f)	perdeby	[perdə·baj]
abeja (f)	by	[baj]
abejorro (m)	hommelby	[homməl·baj]
moscardón (m)	perdevlieg	[perdə·fliχ]
araña (f)	spinnekop	[spinnə·kop]
telaraña (f)	spinnerak	[spinnə·rak]

libélula (f)	**naaldekoker**	[nāldə·kokər]
saltamontes (m)	**sprinkaan**	[sprinkān]
mariposa (f) nocturna	**mot**	[mot]
cucaracha (f)	**kakkerlak**	[kakkerlak]
garrapata (f)	**bosluis**	[boslœis]
pulga (f)	**vlooi**	[floj]
mosca (f) negra	**muggie**	[muχχi]
langosta (f)	**treksprinkhaan**	[trek·sprinkhān]
caracol (m)	**slak**	[slak]
grillo (m)	**kriek**	[krik]
luciérnaga (f)	**vuurvliegie**	[fɪrfliχi]
mariquita (f)	**lieweheersbesie**	[liveheərs·besi]
sanjuanero (m)	**lentekewer**	[lentekevər]
sanguijuela (f)	**bloedsuier**	[blud·sœiər]
oruga (f)	**ruspe**	[ruspə]
lombriz (m) de tierra	**erdwurm**	[ɛrd·vurm]
larva (f)	**larwe**	[larvə]

T&P BOOKS

LA FLORA

T&P Books Publishing

árbol (m)	boom	[boəm]
foliáceo (adj)	bladwisselend	[bladwisselent]
conífero (adj)	kegeldraend	[keχɛldraent]
de hoja perenne	immergroen	[immərχrun]

manzano (m)	appelboom	[appɛl·boəm]
peral (m)	peerboom	[peər·boəm]
cerezo (m)	soetkersieboom	[sutkersi·boəm]
guindo (m)	suurkersieboom	[sɪrkersi·boəm]
ciruelo (m)	pruimeboom	[prœimə·boəm]

abedul (m)	berk	[berk]
roble (m)	eik	[æjk]
tilo (m)	lindeboom	[lində·boəm]
pobo (m)	trilpopulier	[trilpopulir]
arce (m)	esdoring	[ɛsdoriŋ]

pícea (f)	spar	[spar]
pino (m)	denneboom	[dɛnnə·boəm]
alerce (m)	lorkeboom	[lorkə·boəm]

| abeto (m) | den | [den] |
| cedro (m) | seder | [sedər] |

| álamo (m) | populier | [populir] |
| serbal (m) | lysterbessie | [lajstərbɛssi] |

| sauce (m) | wilger | [vilχər] |
| aliso (m) | els | [ɛls] |

| haya (f) | beuk | [bøək] |
| olmo (m) | olm | [olm] |

| fresno (m) | esboom | [ɛs·boəm] |
| castaño (m) | kastaiing | [kastajiŋ] |

magnolia (f)	magnolia	[maχnolia]
palmera (f)	palm	[palm]
ciprés (m)	sipres	[sipres]

mangle (m)	wortelboom	[vortəl·boəm]
baobab (m)	kremetart	[kremetart]
eucalipto (m)	bloekom	[blukom]
secoya (f)	mammoetboom	[mammut·boəm]

95. Los arbustos

mata (f)	struik	[strœik]
arbusto (m)	bossie	[bossi]
vid (f)	wingerdstok	[viŋərd·stok]
viñedo (m)	wingerd	[viŋərt]
frambueso (m)	framboosstruik	[framboəs·strœik]
grosellero (m) negro	swartbessiestruik	[swartbɛssi·strœik]
grosellero (m) rojo	rooi aalbessiestruik	[roj ālbɛssi·strœik]
grosellero (m) espinoso	appelliefiestruik	[appɛllifi·strœik]
acacia (f)	akasia	[akasia]
berberís (m)	suurbessie	[sɪr·bɛssi]
jazmín (m)	jasmyn	[jasmajn]
enebro (m)	jenewer	[jenevər]
rosal (m)	roosstruik	[roəs·strœik]
escaramujo (m)	hondsroos	[honds·roəs]

96. Las frutas. Las bayas

fruto (m)	vrug	[fruχ]
frutos (m pl)	vrugte	[fruχtə]
manzana (f)	appel	[appəl]
pera (f)	peer	[peər]
ciruela (f)	pruim	[prœim]
fresa (f)	aarbei	[ārbæj]
guinda (f)	suurkersie	[sɪr·kersi]
cereza (f)	soetkersie	[sut·kersi]
uva (f)	druif	[drœif]
frambuesa (f)	framboos	[framboəs]
grosella (f) negra	swartbessie	[swartbɛssi]
grosella (f) roja	rooi aalbessie	[roj ālbɛssi]
grosella (f) espinosa	appelliefie	[appɛllifi]
arándano (m) agrio	bosbessie	[bosbɛssi]
naranja (f)	lemoen	[lemun]
mandarina (f)	nartjie	[narki]
piña (f)	pynappel	[pajnappəl]
banana (f)	piesang	[pisaŋ]
dátil (m)	dadel	[dadəl]
limón (m)	suurlemoen	[sɪr·lemun]
albaricoque (m)	appelkoos	[appɛlkoəs]

melocotón (m)	perske	[perskə]
kiwi (m)	kiwi, kiwivrug	[kivi], [kivi·fruχ]
toronja (f)	pomelo	[pomelo]
baya (f)	bessie	[bɛssi]
bayas (f pl)	bessies	[bɛssis]
arándano (m) rojo	pryselbessie	[prajsɛlbɛssi]
fresa (f) silvestre	wilde aarbei	[vildə ārbæj]
arándano (m)	bloubessie	[blæʊbɛssi]

97. Las flores. Las plantas

flor (f)	blom	[blom]
ramo (m) de flores	boeket	[buket]
rosa (f)	roos	[roəs]
tulipán (m)	tulp	[tulp]
clavel (m)	angelier	[anχəlir]
gladiolo (m)	swaardlelie	[swārd·leli]
aciano (m)	koringblom	[koriŋblom]
campanilla (f)	grasklokkie	[χras·klokki]
diente (m) de león	perdeblom	[perdə·blom]
manzanilla (f)	kamille	[kamillə]
áloe (m)	aalwyn	[ālwajn]
cacto (m)	kaktus	[kaktus]
ficus (m)	rubberplant	[rubbər·plant]
azucena (f)	lelie	[leli]
geranio (m)	malva	[malfa]
jacinto (m)	hiasint	[hiasint]
mimosa (f)	mimosa	[mimosa]
narciso (m)	narsing	[narsiŋ]
capuchina (f)	kappertjie	[kapperki]
orquídea (f)	orgidee	[orχideə]
peonía (f)	pinksterroos	[pinkstər·roəs]
violeta (f)	viooltjie	[fioəlki]
trinitaria (f)	gesiggie	[χesiχi]
nomeolvides (f)	vergeet-my-nietjie	[ferχeət-maj-niki]
margarita (f)	madeliefie	[madelifi]
amapola (f)	papawer	[papavər]
cáñamo (m)	hennep	[hɛnnəp]
menta (f)	kruisement	[krœisəment]
muguete (m)	dallelie	[dalleli]
campanilla (f) de las nieves	sneeuklokkie	[sniʊ·klokki]

ortiga (f)	brandnetel	[brant·netəl]
acedera (f)	veldsuring	[fɛltsuriŋ]
nenúfar (m)	waterlelie	[vatər·leli]
helecho (m)	varing	[fariŋ]
liquen (m)	korsmos	[korsmos]

invernadero (m) tropical	broeikas	[bruikas]
césped (m)	grasperk	[xras·perk]
macizo (m) de flores	blombed	[blom·bet]

planta (f)	plant	[plant]
hierba (f)	gras	[xras]
hoja (f) de hierba	grasspriet	[xras·sprit]

hoja (f)	blaar	[blãr]
pétalo (m)	kroonblaar	[kroən·blãr]
tallo (m)	stingel	[stiŋəl]
tubérculo (m)	knol	[knol]

| retoño (m) | saailing | [sãjliŋ] |
| espina (f) | doring | [doriŋ] |

florecer (vi)	bloei	[blui]
marchitarse (vr)	verlep	[ferlep]
olor (m)	reuk	[røək]
cortar (vt)	sny	[snaj]
coger (una flor)	pluk	[pluk]

98. Los cereales, los granos

grano (m)	graan	[xrãn]
cereales (m pl) (plantas)	graangewasse	[xrãn·xəwassə]
espiga (f)	aar	[ãr]

trigo (m)	koring	[koriŋ]
centeno (m)	rog	[rox]
avena (f)	hawer	[havər]

| mijo (m) | gierst | [xirst] |
| cebada (f) | gars | [xars] |

maíz (m)	mielie	[mili]
arroz (m)	rys	[rajs]
alforfón (m)	bokwiet	[bokwit]

guisante (m)	ertjie	[ɛrki]
fréjol (m)	nierboon	[nir·boən]
soya (f)	soja	[soja]
lenteja (f)	lensie	[lɛŋsi]
habas (f pl)	boontjies	[boənkis]

T&P BOOKS

LOS PAÍSES

T&P Books Publishing

Afganistán (m)	**Afghanistan**	[afχanistan]
Albania (f)	**Albanië**	[albaniɛ]
Alemania (f)	**Duitsland**	[dœitslant]
Arabia (f) Saudita	**Saoedi-Arabië**	[saudi-arabiɛ]
Argentina (f)	**Argentinië**	[arχentiniɛ]
Armenia (f)	**Armenië**	[armeniɛ]
Australia (f)	**Australië**	[ɔustraliɛ]
Austria (f)	**Oostenryk**	[oəstenrajk]
Azerbaiyán (m)	**Azerbeidjan**	[azerbæjdjan]
Bangladesh (m)	**Bangladesj**	[bangladeʃ]
Bélgica (f)	**België**	[belχiɛ]
Bielorrusia (f)	**Belarus**	[belarus]
Bolivia (f)	**Bolivië**	[boliviɛ]
Bosnia y Herzegovina	**Bosnië & Herzegowina**	[bosniɛ en hersegovina]
Brasil (m)	**Brasilië**	[brasiliɛ]
Bulgaria (f)	**Bulgarye**	[bulχaraje]
Camboya (f)	**Kambodja**	[kambodja]
Canadá (f)	**Kanada**	[kanada]
Chequia (f)	**Tjeggië**	[ʧeχiɛ]
Chile (m)	**Chili**	[ʧili]
China (f)	**Sjina**	[ʃina]
Chipre (m)	**Ciprus**	[siprus]
Colombia (f)	**Colombia, Kolombië**	[kolombia], [kolombiɛ]
Corea (f) del Norte	**Noord-Korea**	[noərd-korea]
Corea (f) del Sur	**Suid-Korea**	[sœid-korea]
Croacia (f)	**Kroasië**	[kroasiɛ]
Cuba (f)	**Kuba**	[kuba]
Dinamarca (f)	**Denemarke**	[denemarkə]
Ecuador (m)	**Ecuador**	[ɛkuador]
Egipto (m)	**Egipte**	[ɛχiptə]
Emiratos (m pl) Árabes Unidos	**Verenigde Arabiese Emirate**	[ferenixdə arabisə emiratə]
Escocia (f)	**Skotland**	[skotlant]
Eslovaquia (f)	**Slowakye**	[slovakaje]
Eslovenia	**Slovenië**	[slofeniɛ]
España (f)	**Spanje**	[spanje]
Estados Unidos de América	**Verenigde State van Amerika**	[ferenixdə statə fan amerika]
Estonia (f)	**Estland**	[ɛstlant]
Finlandia (f)	**Finland**	[finlant]
Francia (f)	**Frankryk**	[frankrajk]

100. Los países. Unidad 2

Georgia (f)	Georgië	[χeorχiɛ]
Ghana (f)	Ghana	[χana]
Gran Bretaña (f)	Groot-Brittanje	[χroət-brittanje]
Grecia (f)	Griekeland	[χrikəlant]
Haití (m)	Haïti	[haïti]
Hungría (f)	Hongarye	[honχaraje]

India (f)	Indië	[indiɛ]
Indonesia (f)	Indonesië	[indonesiɛ]
Inglaterra (f)	Engeland	[ɛŋəlant]
Irak (m)	Irak	[irak]
Irán (m)	Iran	[iran]
Irlanda (f)	Ierland	[irlant]
Islandia (f)	Ysland	[ajslant]
Islas (f pl) Bahamas	die Bahamas	[di bahamas]

| Israel (m) | Israel | [israəl] |
| Italia (f) | Italië | [italiɛ] |

Jamaica (f)	Jamaika	[jamajka]
Japón (m)	Japan	[japan]
Jordania (f)	Jordanië	[jordaniɛ]

| Kazajstán (m) | Kazakstan | [kasakstan] |
| Kenia (f) | Kenia | [kenia] |

| Kirguizistán (m) | Kirgisië | [kirχisiɛ] |
| Kuwait (m) | Kuwait | [kuvajt] |

Laos (m)	Laos	[laos]
Letonia (f)	Letland	[letlant]
Líbano (m)	Libanon	[libanon]
Libia (f)	Libië	[libiɛ]
Liechtenstein (m)	Lichtenstein	[liχtɛŋstejn]

| Lituania (f) | Litoue | [litæʊə] |
| Luxemburgo (m) | Luksemburg | [luksemburχ] |

Macedonia	Masedonië	[masedoniɛ]
Madagascar (m)	Madagaskar	[madaχaskar]
Malasia (f)	Maleisië	[malæjsiɛ]
Malta (f)	Malta	[malta]
Marruecos (m)	Marokko	[marokko]
Méjico (m)	Meksiko	[meksiko]
Moldavia (f)	Moldawië	[moldaviɛ]
Mónaco (m)	Monako	[monako]
Mongolia (f)	Mongolië	[monχoliɛ]
Montenegro (m)	Montenegro	[montənegro]
Myanmar (m)	Myanmar	[mjanmar]

101. Los países. Unidad 3

Namibia (f)	**Namibië**	[namibiɛ]
Nepal (m)	**Nepal**	[nepal]
Noruega (f)	**Noorweë**	[noərweɛ]
Nueva Zelanda (f)	**Nieu-Seeland**	[niu-seəlant]
Países Bajos (m pl)	**Nederland**	[nedərlant]
Pakistán (m)	**Pakistan**	[pakistan]
Palestina (f)	**Palestina**	[palestina]
Panamá (f)	**Panama**	[panama]
Paraguay (m)	**Paraguay**	[paragwaj]
Perú (m)	**Peru**	[peru]
Polinesia (f) Francesa	**Frans-Polinesië**	[fraŋs-polinesiɛ]
Polonia (f)	**Pole**	[polə]
Portugal (m)	**Portugal**	[portuχal]
República (f) Dominicana	**Dominikaanse Republiek**	[dominikāŋsə republik]
República (f) Sudafricana	**Suid-Afrika**	[sœid-afrika]
Rumania (f)	**Roemenië**	[rumeniɛ]
Rusia (f)	**Rusland**	[ruslant]
Senegal (m)	**Senegal**	[seneχal]
Serbia (f)	**Serwië**	[serwiɛ]
Siria (f)	**Sirië**	[siriɛ]
Suecia (f)	**Swede**	[swedə]
Suiza (f)	**Switserland**	[switsərlant]
Surinam (m)	**Suriname**	[surinamə]
Tayikistán (m)	**Tadjikistan**	[tadʒikistan]
Tailandia (f)	**Thailand**	[tajlant]
Taiwán (m)	**Taiwan**	[tajvan]
Tanzania (f)	**Tanzanië**	[tansaniɛ]
Tasmania (f)	**Tasmanië**	[tasmaniɛ]
Túnez (m)	**Tunisië**	[tunisiɛ]
Turkmenistán (m)	**Turkmenistan**	[turkmenistan]
Turquía (f)	**Turkye**	[turkaje]
Ucrania (f)	**Oekraïne**	[ukraïnə]
Uruguay (m)	**Uruguay**	[urugwaj]
Uzbekistán (m)	**Oezbekistan**	[uzbekistan]
Vaticano (m)	**Vatikaan**	[fatikān]
Venezuela (f)	**Venezuela**	[fenesuela]
Vietnam (m)	**Viëtnam**	[viɛtnam]
Zanzíbar (m)	**Zanzibar**	[zanzibar]

GLOSARIO GASTRONÓMICO

Esta sección contiene una
gran cantidad de palabras y
términos asociados con la
comida. Este diccionario le hará
más fácil la comprensión
del menú de un restaurante y
la elección del plato adecuado

T&P Books Publishing

¡Que aproveche!	**Smaaklike ete!**	[smãklikə etə!]
abrebotellas (m)	**botteloopmaker**	[bottəl·oəpmakər]
abrelatas (m)	**blikoopmaker**	[blik·oəpmakər]
aceite (m) de girasol	**sonblomolie**	[sonblom·oli]
aceite (m) de oliva	**olyfolie**	[olajf·oli]
aceite (m) vegetal	**plantaardige olie**	[plantãrdiχə oli]
agua (f)	**water**	[vatər]
agua (f) mineral	**mineraalwater**	[minerãl·vatər]
agua (f) potable	**drinkwater**	[drink·vatər]
aguacate (m)	**avokado**	[afokado]
ahumado (adj)	**gerook**	[χeroək]
ajo (m)	**knoffel**	[knoffəl]
albahaca (f)	**basilikum**	[basilikum]
albaricoque (m)	**appelkoos**	[appɛlkoəs]
alcachofa (f)	**artisjok**	[artiʃok]
alforfón (m)	**bokwiet**	[bokwit]
almendra (f)	**amandel**	[amandəl]
almuerzo (m)	**middagete**	[middaχ·etə]
amargo (adj)	**bitter**	[bittər]
anís (m)	**anys**	[anajs]
anguila (f)	**paling**	[paliŋ]
aperitivo (m)	**drankie**	[dranki]
apetito (m)	**aptyt**	[aptajt]
apio (m)	**seldery**	[selderaj]
arándano (m)	**bosbessie**	[bosbɛssi]
arándano (m) agrio	**bosbessie**	[bosbɛssi]
arándano (m) rojo	**pryselbessie**	[prajsɛlbɛssi]
arenque (m)	**haring**	[hariŋ]
arroz (m)	**rys**	[rajs]
atún (m)	**tuna**	[tuna]
avellana (f)	**haselneut**	[hasɛl·nøət]
avena (f)	**hawer**	[havər]
azúcar (m)	**suiker**	[sœikər]
azafrán (m)	**saffraan**	[saffrãn]
azucarado, dulce (adj)	**soet**	[sut]
bacalao (m)	**kabeljou**	[kabeljæʊ]
banana (f)	**piesang**	[pisaŋ]
bar (m)	**kroeg**	[kruχ]
barman (m)	**kroegman**	[kruχman]
batido (m)	**melkskommel**	[mɛlk·skomməl]
baya (f)	**bessie**	[bɛssi]
bayas (f pl)	**bessies**	[bɛssis]
bebida (f) sin alcohol	**koeldrank**	[kul·drank]
bebidas (f pl) alcohólicas	**likeure**	[likøərə]

beicon (m)	spek	[spek]
berenjena (f)	eiervrug	[æejerfruχ]
bistec (m)	biefstuk	[bifstuk]
bocadillo (m)	toebroodjie	[tubroədʒi]
boleto (m) áspero	berkboleet	[berk·boleət]
boleto (m) castaño	rooihoed	[rojhut]
brócoli (m)	broccoli	[brokoli]
brema (f)	brasem	[brasem]
cóctel (m)	mengeldrankie	[menχəl·dranki]
caballa (f)	makriel	[makril]
cacahuete (m)	grondboontjie	[χront·boənki]
café (m)	koffie	[koffi]
café (m) con leche	koffie met melk	[koffi met melk]
café (m) solo	swart koffie	[swart koffi]
café (m) soluble	poeierkoffie	[pujer·koffi]
calabacín (m)	vingerskorsie	[fiŋər·skorsi]
calabaza (f)	pampoen	[pampun]
calamar (m)	pylinkvis	[pajl·inkfis]
caldo (m)	helder sop	[hɛldər sop]
caliente (adj)	warm	[varm]
caloría (f)	kalorie	[kalori]
camarón (m)	garnaal	[χarnãl]
camarera (f)	kelnerin	[kɛlnərin]
camarero (m)	kelner	[kɛlnər]
canela (f)	kaneel	[kaneəl]
cangrejo (m) de mar	krab	[krap]
capuchino (m)	capuccino	[kaputʃino]
caramelo (m)	lekkers	[lɛkkərs]
carbohidratos (m pl)	koolhidrate	[koəlhidratə]
carne (f)	vleis	[flæejs]
carne (f) de carnero	lamsvleis	[lams·flæejs]
carne (f) de cerdo	varkvleis	[fark·flæejs]
carne (f) de ternera	kalfsvleis	[kalfs·flæejs]
carne (f) de vaca	beesvleis	[beəs·flæejs]
carne (f) picada	maalvleis	[mãl·flæejs]
carpa (f)	karp	[karp]
carta (f) de vinos	wyn	[vajn]
carta (f), menú (m)	spyskaart	[spajs·kãrt]
caviar (m)	kaviaar	[kafiãr]
caza (f) menor	wild	[vilt]
cebada (f)	gars	[χars]
cebolla (f)	ui	[œi]
cena (f)	aandete	[ãndetə]
centeno (m)	rog	[roχ]
cereales (m pl)	graangewasse	[χrãn·χəwassə]
cereales (m pl) integrales	ontbytgraan	[ontbajt·χrãn]
cereza (f)	soetkersie	[sut·kersi]
cerveza (f)	bier	[bir]
cerveza (f) negra	donker bier	[donkər bir]
cerveza (f) rubia	ligte bier	[liχtə bir]
champaña (f)	sjampanje	[ʃampanje]
chicle (m)	kougom	[kæʊχom]

chocolate (m)	**sjokolade**	[ʃokoladə]
cilantro (m)	**koljander**	[koljandər]
ciruela (f)	**pruim**	[prœim]
clara (f)	**eierwit**	[æjer·wit]
clavo (m)	**naeltjies**	[naɛlkis]
coñac (m)	**brandewyn**	[brandə·vajn]
cocido en agua (adj)	**gekook**	[xekoək]
cocina (f)	**kookkuns**	[koək·kuns]
col (f)	**kool**	[koəl]
col (f) de Bruselas	**Brusselspruite**	[brussɛl·sprœitə]
coliflor (f)	**blomkool**	[blom·koəl]
colmenilla (f)	**morielje**	[morilje]
comida (f)	**kos**	[kos]
comino (m)	**komynsaad**	[komajnsāt]
con gas	**bruis-**	[brœis-]
con hielo	**met ys**	[met ajs]
condimento (m)	**smaakmiddel**	[smāk·middəl]
conejo (m)	**konynvleis**	[konajn·flæjs]
confitura (f)	**konfyt**	[konfajt]
confitura (f)	**konfyt**	[konfajt]
congelado (adj)	**gevries**	[xefris]
conservas (f pl)	**blikkieskos**	[blikkis·kos]
copa (f) de vino	**wynglas**	[vajn·ɣlas]
copos (m pl) de maíz	**mielievlokkies**	[mili·flokkis]
crema (f) de mantequilla	**crème**	[krɛm]
crustáceos (m pl)	**skaaldiere**	[skāldirə]
cuchara (f)	**lepel**	[lepəl]
cuchara (f) de sopa	**soplepel**	[sop·lepəl]
cucharilla (f)	**teelepeltjie**	[teə·lepəlki]
cuchillo (m)	**mes**	[mes]
cuenta (f)	**rekening**	[rekəniŋ]
dátil (m)	**dadel**	[dadəl]
de chocolate (adj)	**sjokolade**	[ʃokoladə]
desayuno (m)	**ontbyt**	[ontbajt]
dieta (f)	**dieet**	[diət]
eneldo (m)	**dille**	[dillə]
ensalada (f)	**slaai**	[slāi]
entremés (m)	**voorgereg**	[foərɣerəx]
espárrago (m)	**aspersie**	[aspersi]
espagueti (m)	**spaghetti**	[spaxɛtti]
especia (f)	**spesery**	[spesəraj]
espiga (f)	**aar**	[ār]
espinaca (f)	**spinasie**	[spinasi]
esturión (m)	**steur**	[støər]
fletán (m)	**heilbot**	[hæjlbot]
fréjol (m)	**nierboontjie**	[nir·boənki]
frío (adj)	**koud**	[kæut]
frambuesa (f)	**framboos**	[framboəs]
fresa (f)	**aarbei**	[ārbæj]
fresa (f) silvestre	**wilde aarbei**	[vildə ārbæj]
frito (adj)	**gebak**	[xebak]
fruto (m)	**vrugte**	[fruxtə]

frutos (m pl)	vrugte	[fruχtə]
gachas (f pl)	pap	[pap]
galletas (f pl)	koekies	[kukis]
gallina (f)	hoender	[hundər]
ganso (m)	gans	[χaŋs]
gaseoso (adj)	soda-	[soda-]
ginebra (f)	jenever	[jenefər]
gofre (m)	wafels	[vafɛls]
granada (f)	granaat	[χranãt]
grano (m)	graan	[χrãn]
grasas (f pl)	vette	[fɛttə]
grosella (f) espinosa	appelliefie	[appɛllifi]
grosella (f) negra	swartbessie	[swartbɛssi]
grosella (f) roja	rooi aalbessie	[roj ãlbɛssi]
guarnición (f)	sygereg	[saj·χerəχ]
guinda (f)	suurkersie	[sɪr·kersi]
guisante (m)	ertjie	[ɛrki]
hígado (m)	lewer	[levər]
habas (f pl)	boontjies	[boənkis]
hamburguesa (f)	hamburger	[hamburχər]
harina (f)	meelblom	[meəl·blom]
helado (m)	roomys	[roəm·ajs]
hielo (m)	ys	[ajs]
higo (m)	vy	[faj]
hoja (f) de laurel	lourierblaar	[læʊrir·blãr]
huevo (m)	eier	[æjer]
huevos (m pl)	eiers	[æjers]
huevos (m pl) fritos	gabakte eiers	[χabaktə æjers]
jamón (m)	ham	[ham]
jamón (m) fresco	gerookte ham	[χeroəktə ham]
jengibre (m)	gemmer	[χɛmmər]
jugo (m) de tomate	tamatiesap	[tamati·sap]
kiwi (m)	kiwi, kiwivrug	[kivi], [kivi·fruχ]
langosta (f)	seekreef	[seə·kreəf]
leche (f)	melk	[melk]
leche (f) condensada	kondensmelk	[kondɛŋs·melk]
lechuga (f)	slaai	[slãi]
legumbres (f pl)	groente	[χruntə]
lengua (f)	tong	[toŋ]
lenguado (m)	platvis	[platfis]
lenteja (f)	lensie	[lɛŋsi]
licor (m)	likeur	[likøər]
limón (m)	suurlemoen	[sɪr·lemun]
limonada (f)	limonade	[limonadə]
loncha (f)	snytjie	[snajki]
lucio (m)	varswatersnoek	[farswatər·snuk]
lucioperca (f)	varswatersnoek	[farswatər·snuk]
maíz (m)	mielie	[mili]
maíz (m)	mielie	[mili]
macarrones (m pl)	pasta	[pasta]
mandarina (f)	nartjie	[narki]
mango (m)	mango	[manχo]

mantequilla (f)	botter	[bottər]
manzana (f)	appel	[appəl]
margarina (f)	margarien	[marχarin]
marinado (adj)	gepiekel	[χepikəl]
mariscos (m pl)	seekos	[see·kos]
matamoscas (m)	vlieëswam	[fliɛ·swam]
mayonesa (f)	mayonnaise	[majonɛs]
melón (m)	spanspek	[spaŋspek]
melocotón (m)	perske	[perskə]
mermelada (f)	marmelade	[marmeladə]
miel (f)	heuning	[høəniŋ]
miga (f)	krummel	[krumməl]
mijo (m)	gierst	[χirst]
mini tarta (f)	koek	[kuk]
mondadientes (m)	tandestokkie	[tandə·stokki]
mostaza (f)	mosterd	[mostert]
nabo (m)	raap	[rãp]
naranja (f)	lemoen	[lemun]
nata (f) agria	suurroom	[sɪr·roəm]
nata (f) líquida	room	[roəm]
nuez (f)	okkerneut	[okkər·nøət]
nuez (f) de coco	klapper	[klappər]
olivas, aceitunas (f pl)	olywe	[olajvə]
oronja (f) verde	duiwelsbrood	[dœivɛls·broət]
ostra (f)	oester	[ustər]
pan (m)	brood	[broət]
papaya (f)	papaja	[papaja]
paprika (f)	paprika	[paprika]
pasas (f pl)	rosyntjie	[rosajnki]
pasteles (m pl)	soet gebak	[sut χebak]
paté (m)	patee	[pateə]
patata (f)	aartappel	[ãrtappəl]
pato (m)	eend	[eent]
pava (f)	kalkoen	[kalkun]
pedazo (m)	stuk	[stuk]
pepino (m)	komkommer	[komkommər]
pera (f)	peer	[peər]
perca (f)	baars	[bãrs]
perejil (m)	pietersielie	[pitərsili]
pescado (m)	vis	[fis]
piña (f)	pynappel	[pajnappəl]
piel (f)	skil	[skil]
pimienta (f) negra	swart peper	[swart pepər]
pimienta (f) roja	rooi peper	[roj pepər]
pimiento (m) dulce	paprika	[paprika]
pistachos (m pl)	pistachio	[pistatʃio]
pizza (f)	pizza	[pizza]
platillo (m)	piering	[piriŋ]
plato (m)	gereg	[χerəχ]
plato (m)	bord	[bort]
pomelo (m)	pomelo	[pomelo]
porción (f)	porsie	[porsi]

postre (m)	nagereg	[naχerəχ]
propina (f)	fooitjie	[fojki]
proteínas (f pl)	proteïen	[proteïen]
pudin (m)	poeding	[pudiŋ]
puré (m) de patatas	kapokaartappels	[kapok·ārtappəls]
queso (m)	kaas	[kās]
rábano (m)	radys	[radajs]
rábano (m) picante	peperwortel	[peper·wortəl]
rúsula (f)	russula	[russula]
rebozuelo (m)	dooierswam	[dojer·swam]
receta (f)	resep	[resep]
refresco (m)	verfrissende drank	[ferfrissendə drank]
regusto (m)	nasmaak	[nasmāk]
relleno (m)	vulsel	[fulsəl]
remolacha (f)	beet	[beət]
ron (m)	rum	[rum]
sésamo (m)	sesamsaad	[sesam·sāt]
sabor (m)	smaak	[smāk]
sabroso (adj)	smaaklik	[smāklik]
sacacorchos (m)	kurktrekker	[kurk·trɛkkər]
sal (f)	sout	[sæʊt]
salado (adj)	sout	[sæʊt]
salchichón (m)	wors	[vors]
salchicha (f)	Weense worsie	[vɛɳsə vorsi]
salmón (m)	salm	[salm]
salmón (m) del Atlántico	atlantiese salm	[atlantisə salm]
salsa (f)	sous	[sæʊs]
sandía (f)	waatlemoen	[vātlemun]
sardina (f)	sardyn	[sardajn]
seco (adj)	gedroog	[χedroəχ]
seta (f)	paddastoel	[paddastul]
seta (f) comestible	eetbare paddastoel	[eətbarə paddastul]
seta (f) venenosa	giftige paddastoel	[χiftiχə paddastul]
seta calabaza (f)	Eetbare boleet	[eətbarə boleət]
siluro (m)	katvis, seebaber	[katfis], [seə·babər]
sin alcohol	nie-alkoholies	[ni-alkoholis]
sin gas	sonder gas	[sondər χas]
sopa (f)	sop	[sop]
soya (f)	soja	[soja]
té (m)	tee	[teə]
té (m) negro	swart tee	[swart teə]
té (m) verde	groen tee	[χrun teə]
tallarines (m pl)	noedels	[nudɛls]
tarta (f)	koek	[kuk]
tarta (f)	pastei	[pastæj]
taza (f)	koppie	[koppi]
tenedor (m)	vurk	[furk]
tiburón (m)	haai	[hāi]
tomate (m)	tamatie	[tamati]
tortilla (f) francesa	omelet	[oməlet]
trigo (m)	koring	[koriŋ]
trucha (f)	forel	[forəl]

uva (f)	**druif**	[drœif]
vaso (m)	**glas**	[χlas]
vegetariano (adj)	**vegetaries**	[feχetaris]
vegetariano (m)	**vegetariër**	[feχetariɛr]
verduras (f pl)	**groente**	[χruntə]
vermú (m)	**vermoet**	[fermut]
vinagre (m)	**asyn**	[asajn]
vino (m)	**wyn**	[vajn]
vino (m) blanco	**witwyn**	[vit·vajn]
vino (m) tinto	**rooiwyn**	[roj·vajn]
vitamina (f)	**vitamien**	[fitamin]
vodka (m)	**vodka**	[fodka]
whisky (m)	**whisky**	[vhiskaj]
yema (f)	**dooier**	[dojer]
yogur (m)	**jogurt**	[joχurt]
zanahoria (f)	**wortel**	[vortəl]
zarzamoras (f pl)	**braambessie**	[brãmbɛssi]
zumo (m) de naranja	**lemoensap**	[lemoən·sap]
zumo (m) fresco	**vars geparste sap**	[fars χeparstə sap]
zumo (m), jugo (m)	**sap**	[sap]

aandete	[ãndetə]	cena (f)
aar	[ãr]	espiga (f)
aarbei	[ãrbæj]	fresa (f)
aartappel	[ãrtappəl]	patata (f)
amandel	[amandəl]	almendra (f)
anys	[anajs]	anís (m)
appel	[appəl]	manzana (f)
appelkoos	[appɛlkoəs]	albaricoque (m)
appelliefie	[appɛllifi]	grosella (f) espinosa
aptyt	[aptajt]	apetito (m)
artisjok	[artiʃok]	alcachofa (f)
aspersie	[aspersi]	espárrago (m)
asyn	[asajn]	vinagre (m)
atlantiese salm	[atlantisə salm]	salmón (m) del Atlántico
avokado	[afokado]	aguacate (m)
baars	[bãrs]	perca (f)
basilikum	[basilikum]	albahaca (f)
beesvleis	[beəs·flæjs]	carne (f) de vaca
beet	[beət]	remolacha (f)
berkboleet	[berk·boleət]	boleto (m) áspero
bessie	[bɛssi]	baya (f)
bessies	[bɛssis]	bayas (f pl)
biefstuk	[bifstuk]	bistec (m)
bier	[bir]	cerveza (f)
bitter	[bittər]	amargo (adj)
blikkieskos	[blikkis·kos]	conservas (f pl)
blikoopmaker	[blik·oəpmakər]	abrelatas (m)
blomkool	[blom·koəl]	coliflor (f)
bokwiet	[bokwit]	alforfón (m)
boontjies	[boənkis]	habas (f pl)
bord	[bort]	plato (m)
bosbessie	[bosbɛssi]	arándano (m)
bosbessie	[bosbɛssi]	arándano (m) agrio
botteloopmaker	[bottəl·oəpmakər]	abrebotellas (m)
botter	[bottər]	mantequilla (f)
braambessie	[brãmbɛssi]	zarzamoras (f pl)
brandewyn	[brandə·vajn]	coñac (m)
brasem	[brasem]	brema (f)
broccoli	[brokoli]	brócoli (m)
brood	[broət]	pan (m)
bruis-	[brœis-]	con gas
Brusselspruite	[brussɛl·sprœitə]	col (f) de Bruselas
capuccino	[kaputʃino]	capuchino (m)
crème	[krɛm]	crema (f) de mantequilla

dadel	[dadəl]	dátil (m)
dieet	[diət]	dieta (f)
dille	[dillə]	eneldo (m)
donker bier	[donkər bir]	cerveza (f) negra
dooier	[dojer]	yema (f)
dooierswam	[dojer·swam]	rebozuelo (m)
drankie	[dranki]	aperitivo (m)
drinkwater	[drink·vatər]	agua (f) potable
druif	[drœif]	uva (f)
duiwelsbrood	[dœivɛls·broət]	oronja (f) verde
eend	[eent]	pato (m)
Eetbare boleet	[eetbarə boleət]	seta calabaza (f)
eetbare paddastoel	[eetbarə paddastul]	seta (f) comestible
eier	[æjer]	huevo (m)
eiers	[æjers]	huevos (m pl)
eiervrug	[æjerfruχ]	berenjena (f)
eierwit	[æjer·wit]	clara (f)
ertjie	[ɛrki]	guisante (m)
fooitjie	[fojki]	propina (f)
forel	[forəl]	trucha (f)
framboos	[framboəs]	frambuesa (f)
gabakte eiers	[χabaktə æjers]	huevos (m pl) fritos
gans	[χaŋs]	ganso (m)
garnaal	[χarnãl]	camarón (m)
gars	[χars]	cebada (f)
gebak	[χebak]	frito (adj)
gedroog	[χedroəχ]	seco (adj)
gekook	[χekoək]	cocido en agua (adj)
gemmer	[χɛmmər]	jengibre (m)
gepiekel	[χepikəl]	marinado (adj)
gereg	[χerəχ]	plato (m)
gerook	[χeroək]	ahumado (adj)
gerookte ham	[χeroəktə ham]	jamón (m) fresco
gevries	[χefris]	congelado (adj)
gierst	[χirst]	mijo (m)
giftige paddastoel	[χiftiχə paddastul]	seta (f) venenosa
glas	[χlas]	vaso (m)
graan	[χrãn]	grano (m)
graangewasse	[χrãn·χəwassə]	cereales (m pl)
granaat	[χranãt]	granada (f)
groen tee	[χrun teə]	té (m) verde
groente	[χruntə]	legumbres (f pl)
groente	[χruntə]	verduras (f pl)
grondboontjie	[χront·boənki]	cacahuete (m)
haai	[hãi]	tiburón (m)
ham	[ham]	jamón (m)
hamburger	[hamburχər]	hamburguesa (f)
haring	[hariŋ]	arenque (m)
haselneut	[hasɛl·nøət]	avellana (f)
hawer	[havər]	avena (f)
heilbot	[hæjlbot]	fletán (m)
helder sop	[hɛldər sop]	caldo (m)

heuning	[høənɪŋ]	miel (f)
hoender	[hundər]	gallina (f)
jenever	[jenefər]	ginebra (f)
jogurt	[joχurt]	yogur (m)
kaas	[kãs]	queso (m)
kabeljou	[kabeljæʊ]	bacalao (m)
kalfsvleis	[kalfs·flæjs]	carne (f) de ternera
kalkoen	[kalkun]	pava (f)
kalorie	[kalori]	caloría (f)
kaneel	[kaneəl]	canela (f)
kapokaartappels	[kapok·ãrtappəls]	puré (m) de patatas
karp	[karp]	carpa (f)
katvis, seebaber	[katfis], [seə·babər]	siluro (m)
kaviaar	[kafiãr]	caviar (m)
kelner	[kɛlnər]	camarero (m)
kelnerin	[kɛlnərin]	camarera (f)
kiwi, kiwivrug	[kivi], [kivi·fruχ]	kiwi (m)
klapper	[klappər]	nuez (f) de coco
knoffel	[knoffəl]	ajo (m)
koek	[kuk]	mini tarta (f)
koek	[kuk]	tarta (f)
koekies	[kukis]	galletas (f pl)
koeldrank	[kul·drank]	bebida (f) sin alcohol
koffie	[koffi]	café (m)
koffie met melk	[koffi met melk]	café (m) con leche
koljander	[koljandər]	cilantro (m)
komkommer	[komkommər]	pepino (m)
komynsaad	[komajnsãt]	comino (m)
kondensmelk	[kondɛŋs·melk]	leche (f) condensada
konfyt	[konfajt]	confitura (f)
konfyt	[konfajt]	confitura (f)
konynvleis	[konajn·flæjs]	conejo (m)
kookkuns	[koək·kuns]	cocina (f)
kool	[koəl]	col (f)
koolhidrate	[koəlhidratə]	carbohidratos (m pl)
koppie	[koppi]	taza (f)
koring	[korɪŋ]	trigo (m)
kos	[kos]	comida (f)
koud	[kæʊt]	frío (adj)
kougom	[kæʊχom]	chicle (m)
krab	[krap]	cangrejo (m) de mar
kroeg	[kruχ]	bar (m)
kroegman	[kruχman]	barman (m)
krummel	[krummǝl]	miga (f)
kurktrekker	[kurk·trɛkkər]	sacacorchos (m)
lamsvleis	[lams·flæjs]	carne (f) de carnero
lekkers	[lɛkkərs]	caramelo (m)
lemoen	[lemun]	naranja (f)
lemoensap	[lemoən·sap]	zumo (m) de naranja
lensie	[lɛŋsi]	lenteja (f)
lepel	[lepəl]	cuchara (f)
lewer	[levər]	hígado (m)

ligte bier	[liχtə bir]	cerveza (f) rubia
likeur	[likøər]	licor (m)
likeure	[likøərə]	bebidas (f pl) alcohólicas
limonade	[limonadə]	limonada (f)
lourierblaar	[læurir·blãr]	hoja (f) de laurel
maalvleis	[mãl·flæjs]	carne (f) picada
makriel	[makril]	caballa (f)
mango	[manχo]	mango (m)
margarien	[marχarin]	margarina (f)
marmelade	[marmeladə]	mermelada (f)
mayonnaise	[majonεs]	mayonesa (f)
meelblom	[meəl·blom]	harina (f)
melk	[melk]	leche (f)
melkskommel	[melk·skomməl]	batido (m)
mengeldrankie	[menχəl·dranki]	cóctel (m)
mes	[mes]	cuchillo (m)
met ys	[met ajs]	con hielo
middagete	[middaχ·etə]	almuerzo (m)
mielie	[mili]	maíz (m)
mielie	[mili]	maíz (m)
mielievlokkies	[mili·flokkis]	copos (m pl) de maíz
mineraalwater	[minerãl·vatər]	agua (f) mineral
morielje	[moriljə]	colmenilla (f)
mosterd	[mostert]	mostaza (f)
naeltjies	[naεlkis]	clavo (m)
nagereg	[naχerəχ]	postre (m)
nartjie	[narki]	mandarina (f)
nasmaak	[nasmãk]	regusto (m)
nie-alkoholies	[ni-alkoholis]	sin alcohol
nierboontjie	[nir·boənki]	fréjol (m)
noedels	[nudεls]	tallarines (m pl)
oester	[ustər]	ostra (f)
okkerneut	[okkər·nøət]	nuez (f)
olyfolie	[olajf·oli]	aceite (m) de oliva
olywe	[olajvə]	olivas, aceitunas (f pl)
omelet	[oməlet]	tortilla (f) francesa
ontbyt	[ontbajt]	desayuno (m)
ontbytgraan	[ontbajt·χrãn]	cereales (m pl) integrales
paddastoel	[paddastul]	seta (f)
paling	[paliŋ]	anguila (f)
pampoen	[pampun]	calabaza (f)
pap	[pap]	gachas (f pl)
papaja	[papaja]	papaya (f)
paprika	[paprika]	pimiento (m) dulce
paprika	[paprika]	paprika (f)
pasta	[pasta]	macarrones (m pl)
pastei	[pastæj]	tarta (f)
patee	[pateə]	paté (m)
peer	[peər]	pera (f)
peperwortel	[peper·wortəl]	rábano (m) picante
perske	[perskə]	melocotón (m)
piering	[piriŋ]	platillo (m)

piesang	[pisaŋ]	banana (f)
pietersielie	[pitərsili]	perejil (m)
pistachio	[pistatʃio]	pistachos (m pl)
pizza	[pizza]	pizza (f)
plantaardige olie	[plantārdiχə oli]	aceite (m) vegetal
platvis	[platfis]	lenguado (m)
poeding	[pudiŋ]	pudin (m)
poeierkoffie	[pujer·koffi]	café (m) soluble
pomelo	[pomelo]	pomelo (m)
porsie	[porsi]	porción (f)
proteïen	[proteïen]	proteínas (f pl)
pruim	[prœim]	ciruela (f)
pryselbessie	[prajsɛlbɛssi]	arándano (m) rojo
pylinkvis	[pajl·inkfis]	calamar (m)
pynappel	[pajnappəl]	piña (f)
raap	[rāp]	nabo (m)
radys	[radajs]	rábano (m)
rekening	[rekəniŋ]	cuenta (f)
resep	[resep]	receta (f)
rog	[roχ]	centeno (m)
rooi aalbessie	[roj ālbɛssi]	grosella (f) roja
rooi peper	[roj pepər]	pimienta (f) roja
rooihoed	[rojhut]	boleto (m) castaño
rooiwyn	[roj·vajn]	vino (m) tinto
room	[roəm]	nata (f) líquida
roomys	[roəm·ajs]	helado (m)
rosyntjie	[rosajnki]	pasas (f pl)
rum	[rum]	ron (m)
russula	[russula]	rúsula (f)
rys	[rajs]	arroz (m)
saffraan	[saffrān]	azafrán (m)
salm	[salm]	salmón (m)
sap	[sap]	zumo (m), jugo (m)
sardyn	[sardajn]	sardina (f)
seekos	[see·kos]	mariscos (m pl)
seekreef	[see·kreəf]	langosta (f)
seldery	[selderaj]	apio (m)
sesamsaad	[sesam·sāt]	sésamo (m)
sjampanje	[ʃampanje]	champaña (f)
sjokolade	[ʃokoladə]	chocolate (m)
sjokolade	[ʃokoladə]	de chocolate (adj)
skaaldiere	[skāldirə]	crustáceos (m pl)
skil	[skil]	piel (f)
slaai	[slāi]	lechuga (f)
slaai	[slāi]	ensalada (f)
smaak	[smāk]	sabor (m)
smaaklik	[smāklik]	sabroso (adj)
Smaaklike ete!	[smāklikə ete!]	¡Que aproveche!
smaakmiddel	[smāk·middəl]	condimento (m)
snytjie	[snajki]	loncha (f)
soda-	[soda-]	gaseoso (adj)
soet	[sut]	azucarado, dulce (adj)

soet gebak	[sut χebak]	pasteles (m pl)
soetkersie	[sut·kersi]	cereza (f)
soja	[soja]	soya (f)
sonblomolie	[sonblom·oli]	aceite (m) de girasol
sonder gas	[sondər χas]	sin gas
sop	[sop]	sopa (f)
soplepel	[sop·lepəl]	cuchara (f) de sopa
sous	[sæʊs]	salsa (f)
sout	[sæʊt]	sal (f)
sout	[sæʊt]	salado (adj)
spaghetti	[spaχɛtti]	espagueti (m)
spanspek	[spaŋspek]	melón (m)
spek	[spek]	beicon (m)
spesery	[spesəraj]	especia (f)
spinasie	[spinasi]	espinaca (f)
spyskaart	[spajs·kãrt]	carta (f), menú (m)
steur	[støər]	esturión (m)
stuk	[stuk]	pedazo (m)
suiker	[sœikər]	azúcar (m)
suurkersie	[sɪr·kersi]	guinda (f)
suurlemoen	[sɪr·lemun]	limón (m)
suurroom	[sɪr·roəm]	nata (f) agria
swart koffie	[swart koffi]	café (m) solo
swart peper	[swart pepər]	pimienta (f) negra
swart tee	[swart teə]	té (m) negro
swartbessie	[swartbɛssi]	grosella (f) negra
sygereg	[saj·χerəχ]	guarnición (f)
tamatie	[tamati]	tomate (m)
tamatiesap	[tamati·sap]	jugo (m) de tomate
tandestokkie	[tandə·stokki]	mondadientes (m)
tee	[teə]	té (m)
teelepeltjie	[teə·lepəlki]	cucharilla (f)
toebroodjie	[tubroədʒi]	bocadillo (m)
tong	[toŋ]	lengua (f)
tuna	[tuna]	atún (m)
ui	[œi]	cebolla (f)
varkvleis	[fark·flæjs]	carne (f) de cerdo
vars geparste sap	[fars χeparstə sap]	zumo (m) fresco
varswatersnoek	[farswatər·snuk]	lucio (m)
varswatersnoek	[farswatər·snuk]	lucioperca (f)
vegetariër	[feχetariɛr]	vegetariano (m)
vegetaries	[feχetaris]	vegetariano (adj)
verfrissende drank	[ferfrissendə drank]	refresco (m)
vermoet	[fermut]	vermú (m)
vette	[fɛttə]	grasas (f pl)
vingerskorsie	[fiŋər·skorsi]	calabacín (m)
vis	[fis]	pescado (m)
vitamien	[fitamin]	vitamina (f)
vleis	[flæjs]	carne (f)
vlieëswam	[fliɛ·swam]	matamoscas (m)
vodka	[fodka]	vodka (m)
voorgereg	[foərχerəχ]	entremés (m)

vrugte	[fruχtə]	fruto (m)
vrugte	[fruχtə]	frutos (m pl)
vulsel	[fulsəl]	relleno (m)
vurk	[furk]	tenedor (m)
vy	[faj]	higo (m)
waatlemoen	[vãtlemun]	sandía (f)
wafels	[vafɛls]	gofre (m)
warm	[varm]	caliente (adj)
water	[vatər]	agua (f)
Weense worsie	[veɛŋsə vorsi]	salchicha (f)
whisky	[vhiskaj]	whisky (m)
wild	[vilt]	caza (f) menor
wilde aarbei	[vildə ãrbæj]	fresa (f) silvestre
witwyn	[vit·vajn]	vino (m) blanco
wors	[vors]	salchichón (m)
wortel	[vortəl]	zanahoria (f)
wyn	[vajn]	vino (m)
wyn	[vajn]	carta (f) de vinos
wynglas	[vajn·χlas]	copa (f) de vino
ys	[ajs]	hielo (m)